10 MINUTES A DAY

처음
시작하는 **한국어**

초판 1쇄 발행 2024년 2월 21일

지은이 박지순 · 박유현
펴낸곳 (주)에스제이더블유인터내셔널
펴낸이 양홍걸 이시원

홈페이지 www.siwonschool.com
주소 서울시 영등포구 영신로 166 영등포반도아이비밸리 7-8층 시원스쿨
교재 구입 문의 02)2014-8151
고객센터 02)6409-0878

ISBN 979-11-6150-816-0 13710
Number 1-587271-01019920-06

10 MINUTES A DAY

처음 시작하는 한국어

박지순 Park jisoon · 박유현 Park youhyun 저

KOREAN PHONICS
INTRODUCTORY BOOK

혼자서도 쉽게 배우는
한국어 입문 교재

머리말

언제인가부터 세계 어느 곳을 가도 한국어 한두 마디쯤을 하는 외국인을 만나는 일이 흔해졌습니다. 아마도 한국어를 배우지 않아도 세계인들이 일상적으로 K-pop, K-food, K drama 등의 한국 문화를 접하기 때문인 것 같습니다. 이와 함께 세계 곳곳에서 한국어를 배우려고 하는 외국인들도 많아지고 있습니다. 한국어를 배우려는 이유는 단순한 호기심에서부터 한국과 한국 문화에 대한 뜨거운 열정에 이르기까지 매우 다양합니다.

배움을 시작하는 모든 이들이 한국어를 습득해 한국어를 통해 이루고자 했던 일을 성취하기를 바라지만 현장에서 지켜본 바로는 한국어의 첫 걸음을 떼기란 쉽지 않습니다. 낯선 외국어인 한국어의 발음과 한글 자모를 익히는 것은 쉬운 일이 아닙니다. 많은 한국어 교육 현장에서 한글 자모 수업은 본격적인 한국어 학습이 시작되기 전 사전 학습의 성격을 가지고 집중적으로 이루어집니다. 아직 한국어를 사용할 수 있는 단계는 아니지만 한국어를 사용하게 위해 필수적인 단계로 여겨지는 것이지요. 그러나 한글 자모를 배우는 학생들은 아주 작은 한국어 입력도 그대로 흡수할 만큼 학습에의 열정이 넘치고, 우연히 습득한 한국어를 이용해 적극적으로 의사소통하곤 합니다.

이 책은 현장에서 한글 자모를 학습하는 학생들을 지켜보면서 학생들이 원하는 것이 무엇인지, 학생들이 할 수 있는 것이 무엇인지를 파악한 후 자모 단계에서도 기초적인 한국어 의사소통이 가능하다는 확신을 가지고 기획되었습니다. 한글 자모를 배우는 과정에서 학생들이 듣고 말하고 읽고 쓰는 것은 가능한 한 의미를 가진 한국어가 되도록, 그리고 인사말, 물건 사기, 길 찾기 등과 관련된 정형화된 표현들이 구두로 학습되어 최소한의 의사소통에 활용할 수 있도록 하였습니다. 10단원을 모두 학습한 학생들은 160여 개의 어휘, 40여 가지의 표현을 익힐 수 있게 됩니다. 이 책이 목표로 하는 수준은 1단계에는 이르지 못하지만 최소한의 소통이 가능하다는 점에서 0단계 또는 pre-1단계라 할 수 있을 것입니다. 아무쪼록 이 책을 통해 한국어를 배우기 시작하는 외국인들에게 한글 자모 수업이 즐겁고 의미 있는 의사소통 경험이 되기를 바랍니다. 그리고 한국어를 배워 사람들과 소통하는 가운데 새로운 눈으로 자신과 세상을 볼 수 있기를 기대합니다.

2024년 2월 저자 일동

INTRODUCTORY REMARK

From some time ago, it has become common to encounter foreigners who can speak a few words of Korean wherever you go around the world. Perhaps it's because people from all over the world are exposed to Korean culture, such as K-pop, K-dramas, and Korean food, even without knowing Korean language. Along with this trend, there are also increasing numbers of foreigners who are interested in learning Korean. The reasons for learning Korean are diverse, ranging from simple curiosity to a passionate interest in Korea and Korean culture.

While we hope that everyone who starts learning Korean can fully acquire the language and achieve their goals through it, in reality, taking the first steps in learning Korean is not easy. Mastering the pronunciation of the unfamiliar, foreign language that is Korean and learning the Korean alphabet, Hangeul, is not an easy task. In many Korean language education settings, learning Hangeul is done intensively as a preliminary step before formal Korean language learning begins. It is considered an essential step towards using Korean, even though it doesn't mean being able to fully utilize the language yet. However, students learning Hangeul often have a strong passion for learning, absorbing even the smallest Korean input and use it actively to communicate.

This book was planned with the conviction that even at the initial stages of learning Hangeul, basic communication in Korean is possible, based on observing observations of students Hangeul and an understanding of what they want and what they can do. In the process of learning Hangeul, students are encouraged to listen, speak, read, and write in Korean in a way that establishes meaningful context. Formulaic expressions related to greetings, buying things, and asking for directions are taught orally so that they can be utilized in basic communication. By completing all ten units in this book, students will learn around 160 vocabulary words and about 40 expressions. Although this book does not reach the level of the first official learning stage, it can be considered as level 0 or pre-1 in terms of being able to engage in minimal communication. We hope that through this book, foreigners who are starting to learn Korean can have an enjoyable and meaningful communication experience using our Hangeul lessons. And We hope that they can see themselves and the world with new eyes as they learn Korean and communicate with others.

Authors, Feb, 2024

추천사

　오랫동안 한국어를 처음 접하는 외국인 학습자들에게 한글 자모 교육을 위해 노력해 온 저에게 이 책의 출판은 반가운 소식이 아닐 수 없습니다. 그동안의 자모 교재에서 볼 수 없었던 명확하고 체계적인 방식으로 내용을 제시하고 학습자가 한글 자모를 완벽하게 읽고 쓸 수 있도록 도와주는 자모 학습용 교재입니다. 한국어를 처음 접하고 효율적으로 한국어 자모를 공부하고자 하는 외국인 학습자들에게 꼭 추천하고 싶습니다.

[세종사이버대학교 강사 박진철]

　한글은 한국어를 배우는 외국인 한국어 학습자들이 가장 먼저 마주치는 형태적인 부분이자 한국어를 형상화하는 데 매우 중요한 요소입니다. 한글은 과학적인 글자이지만 한글의 형태와 발음의 어려움으로 인해 한국어 학습을 포기하는 학습자들도 많습니다. 실제 한국어교육 현장에서 한국어 학습자들에게 한글 자모를 가르치는 것은 생각만큼 쉬운 일이 아닙니다.

　이 책의 장점은 한국어 학습자들이 쉽게 습득할 수 있도록 단원이 배열되었고, 그림과 음성을 활용하여 한글 자모를 좀 더 쉽고 빠르게 교육시킬 수 있다는 것입니다. 또한, 입문 단계라고는 하지만 한국 문화, 간단한 한국어 표현들도 함께 제시하여 한국어 학습자들이 더욱 흥미를 가지고 한국어 학습의 여정을 시작할 수 있도록 한다는 것입니다.

　한글 자모 교수로 고민하는 예비 교사, 초임 교사 선생님, 한국어 발음을 어려워하는 한국어 학습자들에게 이 책을 강력히 추천합니다.

[연세대학교 국제학대학원 강사 유인박]

　외국어를 배우려는 학생에게 낯선 언어의 문자를 학습하는 단계는 결코 쉬운 일이 아닐 것입니다. 한글은 체계적이고 과학적이어서 배우기 쉬운 문자에 속하지만 그럼에도 한글을 처음 접하는 초보 학습자에게 첫 시작은 두려울 수밖에 없습니다. 그런 학습자를 위해 이 책에서는 한글의 자형과 음가를 결합하는 과정을 단계적으로 제시하고 있으며 또한 자주 사용하는 유용한 표현을 자연스럽게 익힐 수 있게 해 학습자들이 입문 단계에서 흥미를 느낄 수 있도록 돕고 있습니다.

　처음 한국어를 접하고 한글을 배우려는 다양한 언어권의 학생들, 그리고 쉽고 재미있게 한글 자모를 가르치고자 하는 한국어 교수자에게 큰 도움이 될 것입니다.

[UAE 대학 한국어 부전공 프로그램 전임강사 김지혜]

RECOMMENDATION LETTER

"To me, who has been making efforts in Korean alphabet education for those encountering Korean for the first time, the publication of this book is undoubtedly good news. This Korean alphabet textbook provides a clear and systematic presentation of content in a way that has not been available in previous Hangeul materials, helping learners to read and write the Korean alphabet perfectly. I highly recommend this book to foreign learners who are new to Korean and want to study the Korean alphabet efficiently."

- Lecturer Park Jin Cheol, Sejong Cyber University

"Hangeul is the first visual and essential element that foreign learners encounter when learning Korean. Although Hangeul is a scientific script, many learners give up learning Korean due to the difficulty of its form and pronunciation. Teaching Hangeul to Korean language learners in the actual field of Korean language education is not as easy as it seems. The advantage of this book is that it is organized in a way that Korean language learners can more easily and quickly grasp the Korean alphabet, by using pictures and audio recordings. Additionally, even though it is an introductory-level book, it also presents features of Korean culture and simple Korean expressions, allowing Korean language learners to start their journey of learning Korean with more interest."

- Lecturer Yoo In Park, Graduate School of International Studies, Yonsei University

"Learning the characters of an unfamiliar language is never an easy task for any student. Although Hangeul belongs to the category of easy-to-learn scripts due to its systematic and scientific nature, for beginner learners encountering Hangeul for the first time, this initial step can be intimidating. To help such learners, this book provides a step-by-step guide of how to combine the shapes and sounds of Hangeul characters. It also allows learners to naturally acquire frequently used expressions, enabling them to feel interested in the learning process, even during the introductory stage."

- Lecturer Kim Ji Hye, UAE University Korean Language Minor Program

책의 구성

Day	주제 Topic	학습 목표 Learning objectives	단어 Vocabulary	표현 Expression
1	모음 1	ㅣ, ㅏ, ㅓ, ㅡ, ㅗ, ㅜ	이, 아이, 오, 오이, 우, 아우	안녕하세요? 감사합니다. 죄송합니다. 괜찮아요.
2	자음 1	ㄱ, ㄷ, ㄹ, ㄴ, ㅁ	가구, 고기, 구두, 거리, 다리 라디오, 나, 너, 무, 나무	네 아니요 안녕히 가세요. 안녕히 계세요.
3	자음 2	ㅅ, ㅈ, ㅇ, ㅂ, ㅎ	소리, 시소, 사자, 주사, 주스, 우주, 비, 비누, 바다, 하나, 하마, 허리, 바지, 버스, 비자, 지하, 호수, 호주	이름이 뭐예요? 유미입니다. 반갑습니다.
4	모음 2	ㅑ, ㅕ, ㅛ, ㅠ	야구, 이야기, 야자수, 여우, 여자, 여기, 요가, 요리, 교수, 유리, 우유, 휴지, 야호, 혀, 벼, 가요, 요리사, 뉴스	이게 뭐예요? 맞아요. 알아요. 몰라요.
5	자음 3	ㅋ, ㅌ, ㅍ, ㅊ	카드, 코트, 키, 커요, 기타, 타요, 키보드, 오토바이, 포도, 아파요, 피아노, 기차, 쳐요, 치즈, 커피, 파티, 포크, 치타, 스카프, 아파트	얼마예요? 1,000(천) 원, 5,000(오천) 원, 10,000원(만) 원, 50,000(오만) 원
6	자음 4	ㄲ, ㄸ, ㅃ, ㅆ, ㅉ	꺼요, 까요, 따라요, 아빠, 오빠, 뽀뽀, 뿌리, 뼈, 싸요, 써요, 비싸요, 씨, 아저씨, 짜요, 쪄요, 가짜	어디예요? 어떻게 가요?
7	모음 3	ㅐ, ㅔ, ㅒ, ㅖ, ㅘ, ㅝ, ㅙ, ㅞ, ㅚ, ㅟ, ㅢ	개, 노래, 카메라, 카페, 얘기, 예뻐요, 시계, 사과, 와이파이, 더워요, 무서워요, 왜, 돼지, 궤도, 교회, 최고, 위, 귀, 의사, 의자	주세요. 하나, 둘, 셋, 넷

THE COMPOSITION OF A BOOK

8	받침 1	ㄱ, ㄴ, ㄷ 로 소리나는 받침	약, 부엌, 밖, 산, 라면, 한국, 듣다, 밑, 옷, 있다, 낮, 꽃, 히읗, 미국, 키읔, 낚시, 휴대폰, 숟가락, 햇볕, 젓가락, 젖다, 재미있다	어서 오세요. 여기요. 있어요. 없어요.
9	받침 2	ㄹ, ㅁ, ㅂ, ㅇ 로 소리나는 받침	물, 별, 연필, 김, 사람, 엄마. 밥, 컵, 숲, 무릎, 강, 수영, 불고기, 할머니, 콜라, 남자, 김밥, 집, 시장, 영화, 공항	어떻게 해요? 도와주세요. 조심하세요. 아파요.
10	문장 읽기	연음이 있는 문장읽기		사랑해요. 생일 축하해요. 새해 복 많이 받으세요.

차례

CONTENTS

모음 1
Vowel 1

학습 목표
Learning objectives

한국어의 모음 ㅣ, ㅏ, ㅓ, ㅡ, ㅗ, ㅜ를 배워 봐요.

Let's learn the vowels ㅣ, ㅏ, ㅓ, ㅡ, ㅗ, ㅜ in Korean.

STEP 1 ㅣ, ㅏ, ㅓ

STEP 2 ㅡ, ㅗ, ㅜ

STEP 3 확인해 봐요

Expression 한국어로 말해 봐요

배워 봐요
Let's learn

1. 입 모양을 보면서 듣고 따라 하세요.

Observe the shape of the mouth, listen and repeat.

 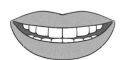

ㅏ   ㅓ

모음은 자음 'ㅇ'과 함께 써요.
이때 'ㅇ'은 소리값이 없어요.
Vowels are written with the consonant 'ㅇ'.
In this case, 'ㅇ' does not make a sound.

2. 그림을 보면서 읽어 보세요.

Try reading while looking at the pictures.

이   아   어

3. 읽어 보세요.
Read aloud.

1 이
2 아
3 어

4 아
5 어
6 이

'이'와 '이'는 글자 모양은 다르지만 같은 글자예요.
'이' and '이' may look different but they are the same characters.

4. 써 보세요.
Write it down.

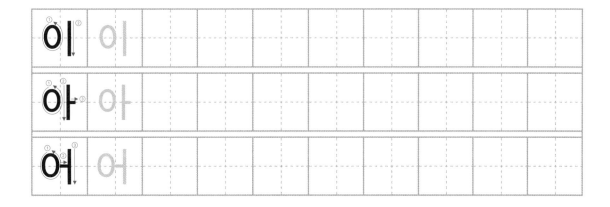

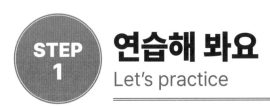

연습해 봐요
Let's practice

1. 읽어 보세요.
Read aloud.

 이

 아이

2. 읽고 써 보세요.
Read and write.

이	이					
아	아					
어	어					
아 이	아 이					

3. 듣고 소리가 같으면 O, 다르면 X 하세요.
Listen and mark O if the sounds are the same or mark X if they are different.

1 이   **2** 어   **3** 아   **4** 아이

4. 듣고 맞는 것을 고르세요.
Listen and choose the correct one.

1 이   아

2 이   어

3 아   어

4 아이   어이

5. 듣고 써 보세요.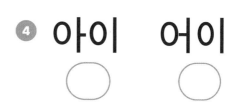
Listen and write it down.

1

2

3

4

STEP 2

배워 봐요
Let's learn

1. 입 모양을 보면서 듣고 따라 하세요.
Observe the shape of the mouth, listen and repeat.

2. 그림을 보면서 읽어 보세요.
Try reading while looking at the pictures.

으   오   우

3. 읽어 보세요.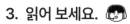

Read aloud.

1 으

2 오

3 우

4 오

5 우

6 으

'으'와 '으'는 글자 모양은 다르지만 같은 글자예요.
'으' and '으' may look different but they are the same character.

4. 써 보세요.

Write it down.

STEP 2

연습해 봐요
Let's practice

1. 읽어 보세요.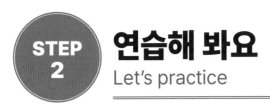
Read aloud.

5   오

   우

2. 읽고 써 보세요.
Read and write.

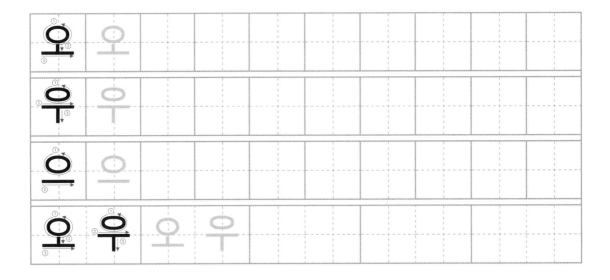

3. 듣고 소리가 같으면 O, 다르면 X 하세요.
Listen and mark O if the sounds are the same or mark X if they are different.

1 으
◯

2 우
◯

3 오
◯

4 오우
◯

4. 듣고 맞는 것을 고르세요.
Listen and choose the correct one.

1 으   오
◯   ◯

2 오   우
◯   ◯

3 으   우
◯   ◯

4 어우   오우
◯   ◯

5. 듣고 써 보세요.
Listen and write it down.

1

2

3

4

확인해 봐요
Let's check it out

1. 듣고 따라 하세요.
   Listen and repeat.

2   이

5   오

    우

    아이

   아우

   오이

2. 읽고 써 보세요.
Read and write.

이	이					
오	오					
우	우					
아 이	아 이					
아 우	아 우					
오 이	오 이					

3. 듣고 맞는 것을 고르세요.
Listen and choose the correct one.

1)

2)

3)

23

4. 그림을 보고 쓰세요.
Look at the picture and write it down.

1

2

이

3

아

5. 듣고 써 보세요.

Listen and write it down.

1

2 우

3 아

6. 다음 문장을 들어 보세요. 무슨 뜻일까요?

Listen to the following sentence. What does it mean?

아이가 오이를 먹어요.

_____

_____

한국어로 말해 봐요
Try saying it in Korean

1. 듣고 따라 하세요.
Listen and repeat.

① 안녕하세요?

② 감사합니다.

③ 죄송합니다.

④ 괜찮아요.

2. 우리가 배운 모음을 찾아서 O 하세요.
Find the vowels we learned and mark them with O.

<보기> 안녕하세요?

① 감사합니다.

② 죄송합니다.

③ 괜찮아요.

DAY 2

자음 1
Consonant 1

학습 목표
Learning objectives

한국어의 자음 ㄱ, ㄷ, ㄹ, ㄴ, ㅁ를 배워 봐요.

Let's learn the consonants ㄱ, ㄷ, ㄹ, ㄴ, ㅁ in Korean.

STEP 1 ㄱ, ㄷ, ㄹ

STEP 2 ㄴ, ㅁ

STEP 3 확인해 봐요

Expression 한국어로 말해 봐요

STEP 1

배워 봐요
Let's learn

1. 듣고 따라 하세요.
   Listen and repeat.

가

다   라

'ㄱ'은 세로 모양의 모음과 함께 쓸 때는 모음의 왼쪽에
'가'와 같은 모양으로 쓰고 가로 모양의 모음과 함께 쓸
때는 모음의 위쪽에 '고'와 같은 모양으로 써요.
When 'ㄱ' is used with a vertical vowel, it is written as a
shape similar to '가' on the left side of the vowel, When used
with a horizontal vowel, it is written as a shape similar to '고'
on top of the vowel.

2. 읽어 보세요. 🎧
Read aloud.

❶ 가구

❷ 고기

❸ 구두

❹ 거리

❺ 다리

❻ 라디오

3. 써 보세요.
Write it down.

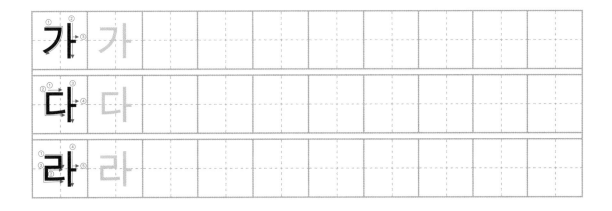

STEP 1

연습해 봐요
Let's practice

1. 읽어 보세요.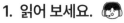
Read aloud.

 가구

 고기

 구두

 거리

 다리

 라디오

2. 읽고 써 보세요.

Read and write.

가 구	가 구			
고 기	고 기			
구 두	구 두			
거 리	거 리			
다 리	다 리			
라 디 오	라 디 오			

3. 듣고 맞는 그림을 고르세요.
Listen and choose the correct picture.

1) ①   ②   ③

2) ①   ②   ③

3) ①   ②   ③

4. 맞는 것을 연결하세요.
Connect the correct one.

1) 다리 •

2) 가구 •

3) 라디오 •

4) 거리 •

• ①

• ②

• ③

• ④

5. 듣고 맞는 것을 고르세요.
Listen and choose the correct one.

1)   ① 고기 ② 구두

2)   ① 다리 ② 거리

3)   ① 구두 ② 가구

 **STEP 2**

배워 봐요
Let's learn

1. 듣고 따라 하세요.
Listen and repeat.

나　　마

2. 읽어 보세요.
Read aloud.

① 나　　② 너

③ 무　　④ 나무

3. 써 보세요.
Write it down.

33

STEP 2 연습해 봐요
Let's practice

1. 읽어 보세요.
Read aloud.

 나

 너

 무

 나무

2. 읽고 써 보세요.
Read and write.

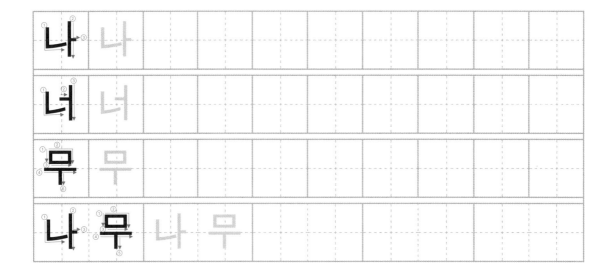

3. 듣고 맞는 그림을 고르세요.

Listen and choose the correct picture.

1)
①
②
③

2)
①
②
③

3)
①
②
③

4. 맞는 것을 연결하세요.

Connect the correct one.

1) 너 •

• ①

2) 나무 •

• ②

3) 무 •

• ③

4) 나 •

• ④

5. 듣고 맞는 것을 고르세요.

Listen and choose the correct one.

1) 　① 나무　② 너무

2) 　① 나　② 너

3) 　① 너　② 무

35

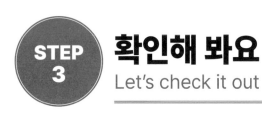

확인해 봐요
Let's check it out

1. 듣고 따라 하세요.
Listen and repeat.

 누구

 나라

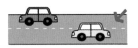 도로

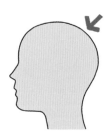 머리

 고구마

 다리미

2. 읽고 써 보세요.
Read and write.

누 구	누 구			
나 라	나 라			
도 로	도 로			
머 리	머 리			
고 구 마	고 구 마			
다 리 미	다 리 미			

3. 듣고 맞는 것을 고르세요.
Listen and choose the correct one.

1)

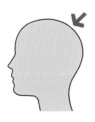

① ②

2)

① ②

3)

① ②

37

4. 그림을 보고 쓰세요.
Look at the picture and write it down.

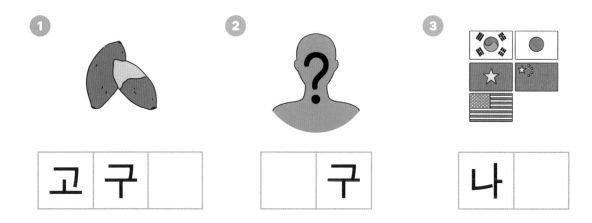

| 고 | 구 | |

| | 구 | |

| 나 | |

5. 다음 단어를 찾아보세요.
Find the following words.

> 나무, 라디오, 누구, 아이
> 다리, 고기, 가구, 고구마

기	우	누	고	기
라	나	구	아	너
디	마	모	가	이
오	다	리	구	누
나	무	도	로	미

한국어로 말해 봐요
Try saying it in Korean

1. 듣고 따라 하세요.
　　Listen and repeat.

① 네

② 아니요

③ 안녕히 가세요.

④ 안녕히 계세요.

자음 2
Consonant 2

학습 목표
Learning objectives

한국어의 자음 ㅅ, ㅈ, ㅇ, ㅂ, ㅎ를 배워 봐요.

Let's learn the consonants ㅅ, ㅈ, ㅇ, ㅂ, ㅎ in Korean.

STEP 1   ㅅ, ㅈ, ㅇ

STEP 2   ㅂ, ㅎ

STEP 3   확인해 봐요

Expression   한국어로 말해 봐요

 STEP 1

배워 봐요
Let's learn

1. 듣고 따라 하세요.
Listen and repeat.

사 자

아

 'ㅈ'와 'ㅈ'는 글자 모양은 다르지만 같은 글자예요.
'ㅈ' and 'ㅈ' may look different but they are the same characters.

2. 읽어 보세요.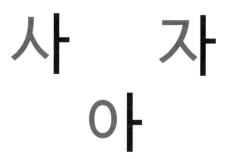
Read aloud.

① 소리   ② 시소   ③ 사자

④ 주사   ⑤ 주스   ⑥ 우주

3. 써 보세요.
Write it down.

STEP 1

연습해 봐요
Let's practice

1. 읽어 보세요.
Read aloud.

 소리

 시소

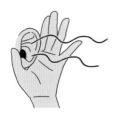 사자

 주사

 주스

 우주

2. 읽고 써 보세요.
Read and write.

소 리	소 리		
시 소	시 소		
사 자	사 자		
주 사	주 사		
주 스	주 스		
우 주	우 주		

3. 듣고 맞는 그림을 고르세요.
Listen and choose the correct picture.

1) ①    ②   ③

2) ①   ②   ③

3) ①   ②    ③

4. 맞는 것을 연결하세요.
Connect the correct one.

1) 주사 •

2) 시소 •

3) 우주 •

4) 소리 •

   • ①

   • ②

   • ③

   • ④

5. 듣고 맞는 것을 고르세요.
Listen and choose the correct one.

1)   ① 사자   ② 소리

2)   ① 주사   ② 주스

3)   ① 시소   ② 우주

45

STEP 2 배워 봐요
Let's learn

1. 듣고 따라 하세요.
Listen and repeat.

바   하

2. 읽어 보세요.
Read aloud.

1 비   **2** 비누   **3** 바다

4 하나   **5** 하마   **6** 허리

3. 써 보세요.
Write it down.

STEP 2

연습해 봐요
Let's practice

1. 읽어 보세요.
Read aloud.

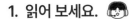 비

 비누

바다

 하나

 하마

 허리

2. 읽고 써 보세요.
Read and write.

비	비								
비 누	비 누								
바 다	바 다								
하 나	하 나								
하 마	하 마								
허 리	허 리								

3. 듣고 맞는 그림을 고르세요.

Listen and choose the correct picture.

1) ①   ②  ③

2) ①   ②   ③

3) ①   ②  ③

4. 맞는 것을 연결하세요.

Connect the correct one.

1) 바다 •

2) 하나 •

3) 허리 •

4) 비 •

• ①

• ②

• ③

• ④

5. 듣고 맞는 것을 고르세요.

Listen and choose the correct one.

1)   ① 비누 ② 바다

2)   ① 하나 ② 하마

3)   ① 비 ② 바다

49

STEP 3

확인해 봐요
Let's check it out

1. 듣고 따라 하세요.
Listen and repeat.

 바지

 버스

 비자

 지하

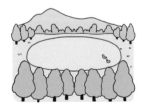 호수

 호주

2. 읽고 써 보세요.
Read and write.

바 지	바 지			
버 스	버 스			
비 자	비 자			
지 하	지 하			
호 수	호 수			
호 주	호 주			

3. 듣고 맞는 것을 고르세요.
Listen and choose the correct one.

1)

① ②

2)

① ②

3)

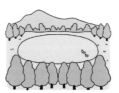

① ②

51

4. 그림을 보고 쓰세요.
Look at the picture and write it down.

① 　　 스 　

② 비 　

③ 지 　

5. 다음 빈칸에 공통적으로 들어갈 글자를 써 보세요.
Write letters in the following blanks.

① 우 　
　 사

② 바 　
　 하

③ 　 주
수

한국어로 말해 봐요
Try saying it in Korean

1. 듣고 따라 하세요.
Listen and repeat.

❶ 이름이 뭐예요?

❷ 유미입니다.

❸ 반갑습니다.

모음 2
Vowel 2

학습 목표
Learning objectives

한국어의 모음 ㅑ, ㅕ, ㅛ, ㅠ를
배워 봐요.

Let's learn the vowels ㅑ, ㅕ, ㅛ, ㅠ
in Korean.

STEP 1　　ㅑ, ㅕ

STEP 2　　ㅛ, ㅠ

STEP 3　　확인해 봐요

Expression　　한국어로 말해 봐요

STEP 1

배워 봐요
Let's learn

1. 듣고 따라 하세요.
Listen and repeat.

야   여

2. 읽어 보세요.
Read aloud.

① 야구

② 이야기

③ 야자수

④ 여우

⑤ 여자

⑥ 여기

3. 써 보세요.
Write it down.

야	야							
여	여							

STEP 1

연습해 봐요
Let's practice

1. 읽어 보세요.
   Read aloud.

 야구

 이야기

 야자수

 여우

 여자

 여기

57

2. 읽고 써 보세요.
Read and write.

야 구	야 구		
이 야 기	이 야 기		
야 자 수	야 자 수		
여 우	여 우		
여 자	여 자		
여 기	여 기		

3. 듣고 맞는 그림을 고르세요.
Listen and choose the correct picture.

1) 　　② 　　③

2) 　　② 　　③

3) 　　② 　　③

4. 맞는 것을 연결하세요.
Connect the correct one.

1) 여자 •

2) 야구 •

3) 여기 •

4) 이야기 •

• ①

• ②

• ③

• ④

5. 듣고 맞는 것을 고르세요.
Listen and choose the correct one.

1) ① 야구 ② 여기

2) ① 야우 ② 여우

3) ① 여자 ② 야자

4) ① 이야기 ② 이여기

6. 그림을 보고 쓰세요.
Look at the picture and write it down.

❶

❷

❸

	기

	구

이	

DAY 4 ㅛ ㅠ

STEP
2

배워 봐요
Let's learn

1. 듣고 따라하세요.
Listen and repeat.

요　　　유

2. 읽어 보세요.
Read aloud.

① 요가　② 요리　③ 교수

④ 유리　⑤ 우유　⑥ 휴지

3. 써 보세요.
Write it down.

60

STEP 2

연습해 봐요
Let's practice

1. 읽어 보세요.
Read aloud.

 요가

 요리

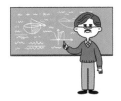 교수

 유리

 우유

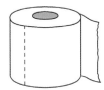 휴지

2. 읽고 써 보세요.
Read and write.

요	가	요	가						
요	리	요	리						
교	수	교	수						
유	리	유	리						
우	유	우	유						
휴	지	휴	지						

3. 듣고 맞는 그림을 고르세요.
Listen and choose the correct picture.

1)

2)

3)

4. 맞는 것을 연결하세요.
Connect the correct one.

1) 휴지 •

2) 요가 •

3) 요리 •

4) 교수 •

• ①

• ②

• ③

• ④

5. 듣고 맞는 것을 고르세요.
Listen and choose the correct one.

1) ① 휴지 ② 우유

2) ① 요리 ② 유리

3) ① 우유 ② 요리

4) ① 교수 ② 요가

6. 그림을 보고 쓰세요.
Look at the picture and write it down.

1

2

3

1 □ 리

2 □ 수

3 □ 지

STEP 3

확인해 봐요
Let's check it out

1. 듣고 따라 하세요.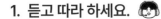
Listen and repeat.

 야호

 혀

 벼

 가요

 요리사

 뉴스

2. 읽고 써 보세요.

Read and write.

야	호	야	호						
혀	혀								
벼	벼								
가	요	가	요						
요	리	사	요	리	사				
뉴	스	뉴	스						

3. 듣고 맞는 것을 고르세요.

Listen and choose the correct one.

1)

① ②

2)

① ②

3)

① ②

4. 그림을 보고 쓰세요.
Look at the picture and write it down.

1	2	3
	스	

5. 풍선에 있는 글자를 이용해 단어를 만들어 보세요.
Create words using the letters found in the balloon.

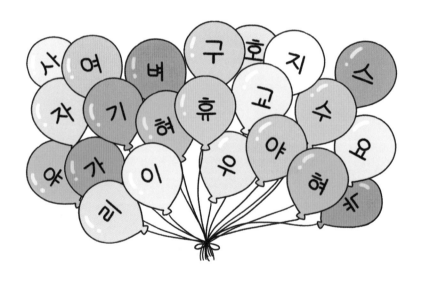

한국어로 말해 봐요
Try saying it in Korean

1. 듣고 따라 하세요.
Listen and repeat.

❶ 이게 뭐예요?

❷ 맞아요.

❸ 알아요.

❹ 몰라요.

자음 3
Consonant 3

학습 목표
Learning objectives

한국어의 자음 ㅋ, ㅌ, ㅍ, ㅊ를
배워 봐요.

Let's learn the consonants ㅋ, ㅌ, ㅍ, ㅊ,
in Korean.

STEP 1   ㅋ, ㅌ

STEP 2   ㅍ, ㅊ

STEP 3   확인해 봐요

Expression   한국어로 말해 봐요

DAY 5 ㅋ ㅌ

STEP 1 배워 봐요
Let's learn

1. 듣고 따라 하세요
Listen and repeat.

카   타

2. 읽어 보세요.
Read aloud.

① 카드 ② 코트 ③ 키

④ 커요 ⑤ 기타 ⑥ 타요

⑦ 키보드 ⑧ 오토바이

3. 써 보세요.
Write it down.

70

STEP 1

연습해 봐요
Let's practice

1. 읽어 보세요.
   Read aloud.

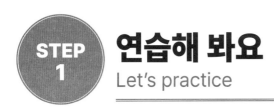 카드

 코트

 키

 커요

 기타

 타요

 키보드

 오토바이

2. 읽고 써 보세요.
Read and write.

카 드	카 드			
코 트	코 트			
키	키			
커 요	커 요			
기 타	기 타			
키 보 드	키 보 드			
오 토 바 이	오 토 바 이		

3. 듣고 맞는 것을 고르세요.
Listen and choose the correct one.

1) ① 카드　　② 코트

2) ① 타요　　② 커요

3) ① 오토바이　　② 키보드

72

4. 맞는 것을 연결하세요.
Connect the correct one.

1) 카드 •

2) 기타 •

3) 커요 •

4) 코트 •

• ①

• ②

• ③

• ④

5. 듣고 맞는 그림을 고르세요.
Listen and choose the correct picture.

1) ① 　② 　③

2) ① 　② 　③

3) ① 　② 　③

4) ① 　② 　③

STEP 2 배워 봐요
Let's learn

1. 듣고 따라 하세요.
Listen and repeat.

파   차

'ㅊ'와 'ㅊ'는 글자 모양은 다르지만 같은 글자예요.
'ㅊ' and 'ㅊ' may look different but they are the same characters.

2. 읽어 보세요.
Read aloud.

① 포도   ② 아파요   ③ 피아노

④ 기차   ⑤ 쳐요   ⑥ 치즈

3. 써 보세요.
Write it down.

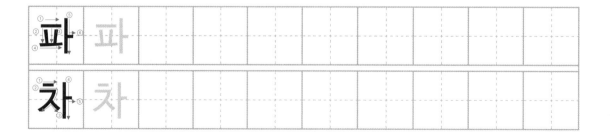

74

STEP 2 연습해 봐요
Let's practice

1. 읽어 보세요.
Read aloud.

 포도

 아파요

 피아노

 기차

 쳐요

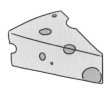 치즈

2. 읽고 써 보세요.
Read and write.

포 도	포 도			
아 파 요	아 파 요			
피 아 노	피 아 노			
기 차	기 차			
쳐 요	쳐 요			
치 즈	치 즈			

3. 듣고 맞는 것을 고르세요.
Listen and choose the correct one.

1) ① 포도   ② 쳐요

2) ① 피아노   ② 아파요

3) ① 기차   ② 치즈

4. 맞는 것을 연결하세요.
Connect the correct one.

1) 기차 •

• ①

2) 아파요 •

• ②

3) 쳐요 •

• ③

4) 포도 •

• ④

5. 듣고 맞는 그림을 고르세요.
Listen and choose the correct picture.

1) ①   ②   ③

2) ①   ②   ③

3) ①   ②    ③

4) ①    ②   ③

STEP 3

확인해 봐요
Let's check it out

1. 듣고 따라 하세요.
   Listen and repeat.

 커피

 파티

 포크

 치타

 스카프

 아파트

2. 읽고 써 보세요.
Read and write.

커 피	커 피		
파 티	파 티		
포 크	포 크		
치 타	치 타		
스 카 프	스 카 프		
아 파 트	아 파 트		

3. 듣고 맞는 것을 고르세요.
Listen and choose the correct one.

1)

① ②

2)

① ②

3)

① ②

4. 그림을 보고 쓰세요.

Look at the picture and write it down.

	ㅏ	ㅣ

	ㅣ	ㅏ

	ㅡ	ㅏ	ㅡ

5. 그림을 보고 빈칸에 들어갈 글자를 써 보세요. 그리고 읽어 보세요.

Write the missing letters in the blank spaces after looking at the picture. And then read it.

<보기> 피 아 노 를 쳐 요 .

① | 를 | . |

② | 를 | . |

③ | 를 | . |

한국어로 말해 봐요
Try saying it in Korean

1. 듣고 따라 하세요.
Listen and repeat.

①

얼마예요?

②

1,000원(천 원)

5,000원(오천 원)

10,000원(만 원)

50,000원 (오만 원)

③ 숫자

1 (일) 2 (이) 3 (삼) 4 (사) 5 (오)

6 (육) 7 (칠) 8 (팔) 9 (구) 10 (십)

자음 4
Consonant 4

학습 목표
Learning objectives

한국어의 자음 ㄲ, ㄸ, ㅃ, ㅆ, ㅉ를
배워 봐요.

Let's learn the consonants ㄲ, ㄸ, ㅃ, ㅆ, ㅉ
in Korean.

STEP 1　ㄲ, ㄸ, ㅃ

STEP 2　ㅆ, ㅉ

STEP 3　확인해 봐요

Expression　한국어로 말해 봐요

STEP 1

배워 봐요
Let's learn

1. 듣고 따라 하세요.
Listen and repeat.

까   따   빠

2. 읽어 보세요.
Read aloud.

① 꺼요　　② 까요　　③ 따라요

④ 아빠　　⑤ 오빠　　⑥ 뽀뽀

⑦ 뿌리　　⑧ 뼈

3. 써 보세요.
Write it down.

까	까							
따	따							
빠	빠							

STEP 1

연습해 봐요
Let's practice

1. 읽어 보세요.
Read aloud.

  꺼요

 까요

따라요

아빠

오빠

뽀뽀

뿌리

뼈

2. 읽고 써 보세요.
Read and write.

끼 요	끼 요		
까 요	까 요		
따 라 요	따 라 요		
아 빠	아 빠		
오 빠	오 빠		
뽀 뽀	뽀 뽀		
뿌 리	뿌 리		
뼈	뼈		

3. 듣고 맞는 것을 고르세요.
Listen and choose the correct one.

1) ① 아빠   ② 오빠

2) ① 꺼요   ② 까요

3) ① 뼈   ② 뽀뽀

4. 맞는 것을 연결하세요.
Connect the correct one.

1) 오빠 •

2) 까요 •

3) 뽀뽀 •

4) 따라요 •

• ①

• ②

• ③

• ④

5. 듣고 맞는 그림을 고르세요.
Listen and choose the correct picture.

1) ①   ②   ③

2) ①   ②   ③

3) ①   ②   ③

4) ①   ②   ③

STEP 2 | 배워 봐요
Let's learn

1. 듣고 따라 하세요.
Listen and repeat.

싸   짜

2. 읽어 보세요.
Read aloud.

① 싸요   ② 써요   ③ 비싸요

④ 씨   ⑤ 아저씨   ⑥ 짜요

⑦ 쪄요   ⑧ 가짜

3. 써 보세요.
Write it down.

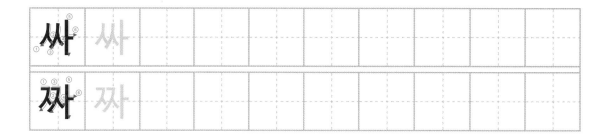

88

연습해 봐요
Let's practice

1. 읽어 보세요.
Read aloud.

  싸요

 써요

비싸요

 씨

 아저씨

 짜요

 쪄요

 가짜

2. 읽고 써 보세요.
Read and write.

싸요	싸요			
써요	써요			
비싸요	비싸요			
씨	씨			
아저씨	아저씨			
짜요	짜요			
쩌요	쩌요			
가짜	가짜			

3. 듣고 맞는 것을 고르세요.
Listen and choose the correct one.

1) ① 싸요　　② 짜요

2) ① 아저씨　　② 비싸요

3) ① 쩌요　　② 써요

4. 맞는 것을 연결하세요.
Connect the correct one.

1) 아저씨 •

• ①

2) 가짜 •

• ②

3) 비싸요 •

• ③

4) 쪄요 •

• ④

5. 듣고 맞는 그림을 고르세요.
Listen and choose the correct picture.

1) ① 　② 　③

2) ① 　② 　③

3) ① 　② 　③

4) ① 　② 　③

STEP 3

확인해 봐요
Let's check it out

---

1. 다음 글자를 포함한 단어를 모아 보세요.
Gather the words including the following letters.

뻐	씨	쯔

아빠 쪄요 써요 뼈 씨 뿌리 비싸요 뽀뽀
짜요 오빠 가짜 아저씨 싸요

2. 다음 빈칸에 공통적으로 들어갈 글자를 써 보세요.
Write the letters in the following blanks.

1

	써
까	

2

가	
	요

3

	저	씨
빠		

4

	아
오	

92

한국어로 말해 봐요
Try saying it in Korean

1. 듣고 따라 하세요.
Listen and repeat.

① 어디예요?

② 어떻게 가요?

모음 3
Vowel 3

학습 목표
Learning objectives

한국어의 모음 ㅐ, ㅔ, ㅒ, ㅖ, ㅘ, ㅝ, ㅙ, ㅞ, ㅚ, ㅟ, ㅢ를 배워 봐요.

Let's learn the vowels ㅐ, ㅔ, ㅒ, ㅖ, ㅘ, ㅝ, ㅙ, ㅞ, ㅚ, ㅟ, ㅢ in Korean.

STEP 1   ㅐ, ㅔ, ㅒ, ㅖ

STEP 2   ㅘ, ㅝ, ㅙ, ㅞ

STEP 3   ㅚ, ㅟ, ㅢ

Expression   한국어로 말해 봐요

STEP 1 배워 봐요
Let's learn

1. 듣고 따라 하세요.
Listen and repeat.

애   에

얘   예

2. 읽어 보세요.
Read aloud.

① 개

② 노래

③ 카메라

④ 카페

⑤ 얘기

⑥ 예뻐요

⑦ 시계

96

3. 써 보세요.
Write it down.

애　애

에　에

얘　얘

예　예

연습해 봐요
Let's practice

1. 읽어 보세요.
Read aloud.

 개

 노래

 카메라

 카페

 얘기

 예뻐요

 시계

2. 읽고 써 보세요.
Read and write.

개 개					
노 래 노 래					
카 메 라 카 메 라					
카 페 카 페					
얘 기 얘 기					
예 뻐 요 예 뻐 요					
시 계 시 계					

3. 듣고 맞는 것을 고르세요.
Listen and choose the correct one.

1) ① 개　　　② 키

2) ① 애기　　② 얘기

3) ① 커피　　② 카페

4. 맞는 것을 연결하세요.
Connect the correct one.

1) 시계 •

• ①

2) 예뻐요 •

• ②

3) 카메라 •

• ③

4) 노래 •

• ④

5. 듣고 맞는 그림을 고르세요.
Listen and choose the correct picture.

1) ①  ②   ③

2) ①   ②   ③

3) ①   ②   ③

4) ①   ②   ③

6. 그림을 보고 쓰세요.
Look at the picture and write it down.

① 　　｜기

② 노｜　　

③ 카｜　　｜라

배워 봐요
Let's learn

1. 듣고 따라 하세요.
Listen and repeat.

와   워

왜   웨

2. 읽어 보세요.
Read aloud.

① 사과

② 와이파이

③ 더워요

④ 무서워요

⑤ 왜

⑥ 돼지

⑦ 궤도

3. 써 보세요.

Write it down.

와	와								
워	워								
왜	왜								
웨	웨								

STEP 2

연습해 봐요
Let's practice

1. 읽어 보세요.
Read aloud.

 사과

 와이파이

 더워요

 무서워요

 왜

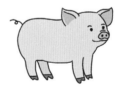 돼지

 궤도

2. 읽고 써 보세요.
Read and write.

사	과	사	과					
와	이	파	이	와	이	파	이	
더	워	요	더	워	요			
무	서	워	요	무	서	워	요	
왜	왜							
돼	지	돼	지					
궤	도	궤	도					

3. 듣고 맞는 것을 고르세요.
   Listen and choose the correct one.

1) ① 더워요   ② 도와요

2) ① 사가   ② 사과

3) ① 대지   ② 돼지

4) ① 궤도   ② 개도

4. 맞는 것을 연결하세요.
   Connect the correct one.

1) 왜   •   • ①

2) 돼지   •   • ②

3) 무서워요 •   • ③

4) 와이파이 •   • ④

106

5. 듣고 맞는 그림을 고르세요.
Listen and choose the correct picture.

1) ① 　② 　③

2) ① 　② 　③

3) ① 　② 　③

6. 그림을 보고 쓰세요.
Look at the picture and write it down.

STEP 3 배워 봐요
Let's learn

1. 듣고 따라 하세요.
Listen and repeat.

외　　　위　　　의

2. 읽어 보세요.
Read aloud.

① 교회　　　　② 최고

③ 위　　　　　④ 귀

⑤ 의사　　　　⑥ 의자

3. 써 보세요.
Write it down.

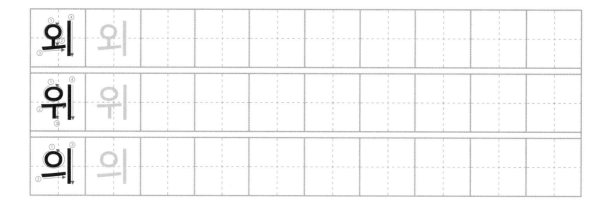

STEP 3

연습해 봐요
Let's practice

1. 읽어 보세요.
   Read aloud.

 교회

 최고

 위

 귀

 의사

 의자

2. 읽고 써 보세요.
Read and write.

교	회	교 회				
최	고	최 고				
위		위				
귀		귀				
의	사	의 사				
의	자	의 자				

3. 듣고 맞는 것을 고르세요.
Listen and choose the correct one.

1) ① 최고　② 취고

2) ① 귀　② 위

3) ① 의사　② 회사

4) ① 교회　② 교휘

4. 맞는 것을 연결하세요.
Connect the correct one.

1) 귀 •   • ①

2) 의자 •   • ②

3) 교회 •   • ③

4) 의사 •   • ④

5. 듣고 맞는 그림을 고르세요.
Listen and choose the correct picture.

1) ①   ②   ③

2) ①   ②   ③

3) ①   ②   ③

6. 그림을 보고 쓰세요.
Look at the pictures and write down.

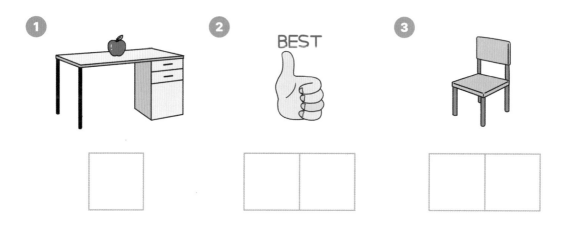

7. 읽어 보세요.
Read aloud.

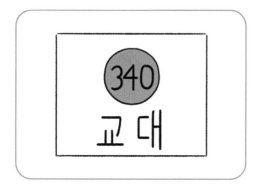

112

한국어로 말해 봐요
Try saying it in Korean

1. 듣고 따라 하세요.
Listen and repeat.

주세요.

2

하나   둘   셋   넷

받침 1
Final consonant 1

학습 목표
Learning objectives

ㄱ, ㄴ, ㄷ로 발음되는 한국어 받침을 배워봐요.

Let's learn the final consonants ㄱ, ㄴ, ㄷ in Korean.

STEP 1   받침 ㄱ, ㄴ

STEP 2   받침 ㄷ

STEP 3   확인해 봐요

Expression   한국어로 말해 봐요

 **STEP 1**

배워 봐요
Let's learn

1. 듣고 따라 하세요.
Listen and repeat.

> 음절의 마지막에 쓰인 자음을 '받침'이라고 해요.
> In Korean, the final consonant used at the end of a syllable is called a "받침"(batchim).

악 악 앆
안

> 받침으로 사용되는 ㄱ, ㅋ, ㄲ는 글자는 다르지만 같은 소리로 발음됩니다.
> In Korean, final consonants ㄱ, ㅋ, and ㄲ are pronounced the same, even though they are represented by different characters.

2. 읽어 보세요.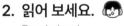
Read aloud.

1 약 **2** 부엌 **3** 밖

4 산 **5** 라면 **6** 한국

116

3. 써 보세요.
Write it down.

악	악									
악	악									
앍	앍									
안	안									

연습해 봐요
Let's practice

1. 읽어 보세요.
   Read aloud.

 약

 부엌

 밖

 산

 라면

 한국

2. 읽고 써 보세요.
Read and write.

3. 듣고 맞는 그림을 고르세요.
Listen and choose the correct picture.

1) ①   ②   ③

2) ①   ②   ③

119

4. 맞는 것을 연결하세요.
Connect the correct one.

1) 산 • • ①

2) 부엌 • • ②

3) 한국 • • ③

4) 약 • • ④

5. 듣고 맞는 것을 고르세요.
Listen and choose the correct one.

1) ① 산 ② 삭

2) ① 한군 ② 한국

3) ① 약 ② 얀

4) ① 라먁 ② 라면

6. 그림을 보고 쓰세요.
Look at the picture and write it down.

❶

❷

❸

 **배워 봐요**
Let's learn

1. 듣고 따라 하세요.
   Listen and repeat.

앋 앝 앗 았

앚 앛 앟

받침으로 사용되는 ㄷ, ㅌ, ㅅ, ㅆ, ㅈ, ㅊ, ㅎ는 글자는
다르지만 같은 소리로 발음됩니다.
In Korean, final consonants ㄷ, ㅌ, ㅅ, ㅈ, ㅊ, and ㅎ are
pronounced the same, even though they are represented
by different characters.

2. 읽어 보세요.
   Read aloud.

1 듣다   2 밑   3 옷

4 있다   5 낮   6 꽃

7 히읗

121

3. 써 보세요.
Write it down.

안	안							
앝	앝							
앗	앗							
았	았							
앚	앚							
앛	앛							
앙	앙							

STEP 2

연습해 봐요
Let's practice

1. 읽어 보세요.
Read aloud.

 듣다

 밑

 옷

 있다

 낮

 꽃

 히읗

2. 읽고 써 보세요.
Read and write.

듣 다	듣 다						
밑	밑						
옷	옷						
있 다	있 다						
낮	낮						
꽃	꽃						
히 읗	히 읗						

3. 듣고 맞는 그림을 고르세요.
Listen and choose the correct picture.

1) ① 　② 　③

2) ① 　② 　③

4. 맞는 것을 연결하세요.
Connect the correct one.

1) 옷　•　　　•　①

2) 듣다　•　　　•　②

3) 히읗　•　　　•　③

4) 밑　•　　　•　④

5) 낮　•　　　•　⑤

5. 그림을 보고 쓰세요.

Look at the pictures and write down.

1

2

3

4

5

6

STEP 3

확인해 봐요
Let's check it out

1. 듣고 따라 하세요.
   Listen and repeat.

 미국

ㅋ 키읔

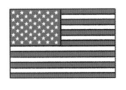 낚시

 휴대폰

 숟가락

 햇볕

 젓가락

 젖다

 재미있다

2. 읽고 써 보세요.

Read and write.

미 국	미 국			
키 읔	키 읔			
낚 시	낚 시			
휴 대 폰	휴 대 폰			
숟 가 락	숟 가 락			
햇 볕	햇 볕			
젓 가 락	젓 가 락			
젖 다	젖 다			
재 미 있 다	재 미 있 다		

3. 듣고 맞는 것을 고르세요.
Listen and choose the correct one.

1)

①	②

2)

①	②

3)

①	②

4. 그림을 보고 쓰세요.
Look at the picture and write it down.

❶

미	

❷

❸

129

5. 단어를 쓰고 받침이 있는 단어에 O 해 보세요.

Write the words and mark O for words that have a final consonant.

1 [　　　　　]

2 [　　　　　]

3 [　　　　　]

4 [　　　　　]

5 [　　　　　]

한국어로 말해 봐요
Try saying it in Korean

1. 듣고 따라 하세요.

Listen and repeat.

① 어서 오세요.

② 여기요.

③ 있어요.

④ 없어요.

받침 2
Final consonant 2

학습 목표
Learning objectives

ㄹ, ㅁ, ㅂ, ㅇ로 발음되는 한국어 받침을 배워 봐요.

Let's learn the final consonants ㄹ, ㅁ, ㅂ, ㅇ in Korean.

STEP 1 받침 ㄹ, ㅁ

STEP 2 받침 ㅂ, ㅇ

STEP 3 확인해 봐요

Expression 한국어로 말해 봐요

STEP 1 배워 봐요
Let's learn

1. 듣고 따라 하세요.
Listen and repeat.

알   암

2. 읽어 보세요.
Read aloud.

① 물   ② 별   ③ 연필

④ 김   ⑤ 사람   ⑥ 엄마

3. 써 보세요.
Write it down.

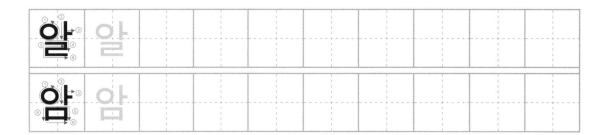

134

STEP 1

연습해 봐요
Let's practice

1. 읽어 보세요.
Read aloud.

 물

 별

 연필

 김

 사람

 엄마

2. 읽고 써 보세요.

Read and write.

물	물					
별	별					
연 필	연 필					
김	김					
사 람	사 람					
엄 마	엄 마					

3. 듣고 맞는 그림을 고르세요.

Listen and choose the correct picture.

1) ① ② ③

2) ① ② ③

4. 맞는 것을 연결하세요.
Connect the correct one.

1) 연필 •

2) 물 •

3) 김 •

4) 엄마 •

• ①

• ②

• ③

• ④

5. 듣고 맞는 것을 고르세요.
Listen and choose the correct one.

1)
| ① 물 ② 문 |

2)
| ① 서란 ② 사람 |

3)
| ① 엄마 ② 얼마 |

4)
| ① 연핀 ② 연필 |

6. 그림을 보고 쓰세요.
Look at the picture and write it down.

STEP 2 배워 봐요
Let's learn

1. 듣고 따라 하세요.
Listen and repeat.

압   앞   앙

2. 읽어 보세요.
Read aloud.

① 밥   ② 컵   ③ 숲

④ 무릎   ⑤ 강   ⑥ 수영

3. 써 보세요.
Write it down.

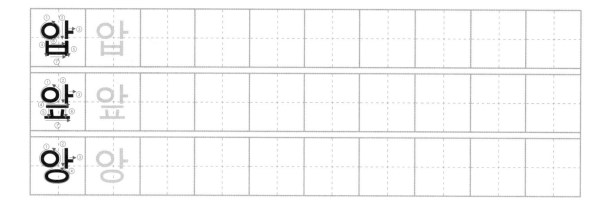

STEP 2

연습해 봐요
Let's practice

1. 읽어 보세요.
Read aloud.

 밥

 컵

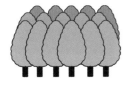 숲

 무릎

 강

 수영

2. 읽고 써 보세요.
Read and write.

밥	밥						
컵	컵						
숲	숲						
무	릎	무	릎				
강	강						
수	영	수	영				

3. 듣고 맞는 그림을 고르세요.
Listen and choose the correct picture.

1) ① 　　② 　　③

2) ① 　　② 　　③

4. 맞는 것을 연결하세요.
Connect the correct one.

1) 밥 •

2) 숲 •

3) 강 •

4) 무릎 •

• ①

• ②

• ③

• ④

5. 그림을 보고 쓰세요.

Look at the picture and write it down.

STEP 3 확인해 봐요
Let's check it out

1. 듣고 따라 하세요.
Listen and repeat.

 불고기

 할머니

 콜라

 남자

 김밥

 집

 시장

 영화

 공항

2. 읽고 써 보세요.
Read and write.

불	고	기	불	고	기			
할	머	니	할	머	니			
콜	라		콜	라				
남	자		남	자				
김	밥		김	밥				
집			집					
시	장		시	장				
영	화		영	화				
공	항		공	항				

3. 듣고 맞는 것을 고르세요.
Listen and choose the correct one.

1)

①	②

2)

①	②

3)

①	②

4. 그림을 보고 쓰세요.
Look at the picture and write it down.

1

2

3

145

5. 다음은 세계 여러 도시의 이름입니다. 어느 나라의 도시일까요? 써 보세요.

Here are the names of various cities around the world. Which country do they belong to? Write it down.

뉴욕　　서울　　베이징　　런던　　도쿄　　호치민

---

① 한국

② 미국

③ 일본

④ 중국

⑤ 영국

⑥ 베트남

한국어로 말해 봐요
Try saying it in Korean

1. 듣고 따라 하세요.
Listen and repeat.

1 어떻게 해요?

2 도와주세요.

3 조심하세요.

4 아파요.

문장 읽기
Reading sentences

학습 목표
Learning objectives

연음이 있는 문장을 읽어 봐요.

Try reading sentences with connected pronunciation.

STEP 1   읽어 봐요

STEP 2   배워 봐요

STEP 3   문장을 연습해 봐요

Expression   한국어로 말해 봐요

STEP 1

읽어 봐요
Let's read

1. 단어를 읽어 보세요.
   Read the words.

아이

오이

라디오

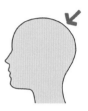

머리

고구마

주스

비누

지하

야구

여자

요리사

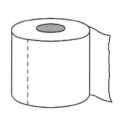

휴지

코트	오토바이	아파요	치즈
꺼요	따라요	아빠	싸요
짜요	개	네	얘기
예뻐요	사과	무서워요	돼지
궤도	최고	귀	의사

책	부엌	밖	한국
숟가락	밑	옷	있다
낮	꽃	히읗	물
김밥	무릎	영어	공항

2. 문장을 읽은 후 들어 보세요. (5회) 👧
After reading the sentences, and then listen. (5 times)

1) 오이가 커요. ✔○○○○

2) 소리가 아주 커요. ○○○○○

3) 우유가 싸요. ○○○○○

4) 주스가 아주 싸요. ○○○○○

5) 카메라가 비싸요. ○○○○○

6) 돼지고기가 아주 비싸요. ○○○○○

7) 피자가 짜요. ○○○○○

8) 치즈가 아주 짜요. ○○○○○

9) 머리가 아파요. ○○○○○

10) 사과 두 개 주세요. ○○○○○

11) 바지가 예뻐요. ○○○○○

12) 스카프가 아주 예뻐요. ○○○○○

13) 개가 무서워요. ○○○○○

14) 오토바이가 무서워요. ○○○○○

15) 아빠가 카페에 가요. ○○○○○

16) 오빠가 파티에 가요. ○○○○○

17) 제가 요리해요. ○○○○○

18) 요리사가 요리해요. ○○○○○

19) 가수가 노래해요. ○○○○○

20) 아저씨가 카페에서 얘기해요. ○○○○○

3. 이야기를 읽은 후 들어 보세요.

After reading the story, and then listen.

유리가 가게에 가요.

바나나 우유를 사러 가요.

어! 비가 와요.

유리가 뛰어 가요.

4. 대화를 읽은 후 들어 보세요.

After reading the conversation, and then listen.

점원: 어서 오세요.

유리: 바나나 우유 하나 주세요.
　　　그리고 키위 주스도 주세요.
　　　사과도 두 개 주세요.

점원: 네, 여기요.

유리: 고마워요.

점원: 또 오세요.

STEP 2

배워 봐요
Let's learn

1. 듣고 따라 하세요. 🎧
Listen and repeat.

받침 다음에 모음으로 시작하면 받침 소리는 다음 모음과 같이 나요.

When a vowel comes right after a consonant, the vowel sound is pronounced with the final consonant.

한국	한국은 ➡	[한구근]
돈	돈이 ➡	[도니]
닫	닫아 ➡	[다다]
밑	밑을 ➡	[미틀]
웃	웃어요 ➡	[우서요]
있	있어서 ➡	[이써서]

156

낮	낮에 ➡	[나제]
숯	숯이 ➡	[수치]
놓	놓아요 ➡	[노아요]

*받침 ㅎ은 뒤에 모음이 올 때 [ㅎ]가 발음되지 않아요.
When a vowel comes after the final consonant 'ㅎ', the 'ㅎ' sound is not pronounced.

물	물을 ➡	[무를]
마음	마음이 ➡	[마으미]
집	집에 ➡	[지베]
빵	빵을 ➡	[빵을]

*받침 ㅇ은 뒤에 모음이 와도 [ㅇ]이 그대로 발음돼요.
When a vowel comes after the final consonant 'ㅇ', the 'ㅇ' sound is still pronounced as it is.

STEP 3 — 문장을 연습해 봐요
Let's practice the sentences

1. 문장을 읽은 후 들어 보세요. (5회)
After reading the sentences, and then listen. (5 times)

1) 머리가 아파서 <u>약을</u> <u>먹어요</u>. ☑○○○○

2) 아이가 <u>밖에</u> 나가요. ○○○○○

3) 엄마는 <u>부엌에서</u> 피자를 만드세요. ○○○○○

4) <u>라면이</u> 너무 매워요. ○○○○○

5) 추우니까 문을 <u>닫아</u> 주세요. ○○○○○

6) 핸드폰이 가방 <u>밑에</u> 있어요. ○○○○○

7) 이 <u>옷은</u> 조금 비싸요. ○○○○○

8) 영화가 정말 <u>재미있어요</u>. ○○○○○

9) 비가 와서 옷이 <u>젖었어요</u>. ○○○○○

10) 예쁜 <u>꽃이</u> 피었어요. ○○○○○

11) 드라마를 <u>좋아해서</u> 자주 봐요. ○○○○○

12) 목이 말라서 <u>물을</u> 마셔요. ○○○○○

13) 제 <u>이름은</u> 이사벨입니다. ○○○○○

14) <u>비빔밥을</u> 먹으러 갑시다. ○○○○○

15) <u>무릎이</u> 아파서 병원에 갔어요. ○○○○○

16) <u>강에서</u> <u>수영을</u> 하고 싶어요. ○○○○○

2. 이야기를 읽은 후 들어 보세요.
After reading the story, and then listen.

안녕하세요.

제 이름은 에린이에요.

미국 뉴욕에서 왔어요.

저는 한국 드라마를 좋아해서 자주 봐요.

서울에는 카페가 정말 많아요.

가끔 카페에 *앉아서 책을 *읽어요.

그리고 친구와 닭갈비를 먹으러 가요.

한국 친구는 아직 *없어요.

한국 친구가 생겼으면 좋겠어요.

> 받침이 두 개일때 뒤에 모음이 오면
> 두 번째 받침 소리가 발음돼요.
> 앉아서 [안자서], 읽어요 [일거요],
> 없어요 [업써요].
> When there are two final consonants, if a
> vowel follows, the second final consonant
> is pronounced.
> 앉아서 [안자서], 읽어요 [일거요],
> 없어요 [업써요]

한국어로 말해 봐요
Try saying it in Korean

1. 듣고 따라 하세요. 🎧
Listen and repeat.

❶ 사랑해요.

❷ 생일 축하해요.

1월 1일

❸ 새해 복 많이 받으세요.

ANSWER   LEXICAL INDEX

DAY10 SENTENCES TRANSLATION

LISTENING SCRIPT

정답
ANSWER

DAY 01

STEP 1 연습해 봐요

3 ❶ 이 (O) ❷ 어 (X) ❸ 아 (X) ❹ 아이 (O)

4 ❶ 이 ❷ 어 ❸ 아 ❹ 아이

5 ❶ 아 ❷ 어 ❸ 아이 ❹ 어이

STEP 2 연습해 봐요

3 ❶ 으 (O) ❷ 오 (X) ❸ 우 (X) ❹ 오우 (O)

4 ❶ 으 ❷ 우 ❸ 으 ❹ 오우

5 ❶ 오 ❷ 으 ❸ 우 ❹ 오우

STEP 3 확인해 봐요

3 1) ① 2) ② 3) ②

4 ❶ 오 ❷ 아 ❸ 우

5 ❶ 이 ❷ 아 ❸ 이

Expression 한국어로 말해 봐요

2 ❶ 감사합니다. ❷ 죄송합니다. ❸ 괜찮아요.

DAY 02

STEP 1 연습해 봐요

3 1) ① 2) ② 3) ①

4 1) ④ 2) ① 3) ② 4) ③

5 1) ① 2) ① 3) ②

STEP 2 연습해 봐요

3 1) ① 2) ② 3) ③

4 1) ③ 2) ④ 3) ① 4) ②

5 1) ① 2) ② 3) ②

STEP 3 확인해 봐요

3 1) ② 2) ① 3) ①

4 ❶ 마 ❷ 누 ❸ 라

5

기	우	누	고	기
라	나	구	아	너
디	마	모	가	이
오	다	리	구	누
나	무	도	토	미

DAY 03

STEP 1 **연습해 봐요**

3 1) ② 2) ③ 3) ①

4 1) ② 2) ③ 3) ① 4) ④

5 1) ② 2) ① 3) ②

STEP 2 **연습해 봐요**

3 1) ③ 2) ② 3) ①

4 1) ③ 2) ① 3) ② 4) ④

5 1) ① 2) ① 3) ②

STEP 3 **확인해 봐요**

3 1) ① 2) ① 3) ②

4 ❶ 버 ❷ 자 ❸ 하

5 ❶ 주 ❷ 지 ❸ 호

DAY 04

STEP 1 **연습해 봐요**

3 1) ① 2) ② 3) ③

4 1) ③ 2) ④ 3) ② 4) ①

5 1) ② 2) ② 3) ① 4) ①

6 ❶ 여 ❷ 야 ❸ 야기

STEP 2 **연습해 봐요**

3 1) ② 2) ① 3) ①

4 1) ② 2) ① 3) ④ 4) ③

5 1) ① 2) ② 3) ① 4) ①

6 ❶ 요 ❷ 교 ❸ 휴

STEP 3 **확인해 봐요**

3 1) ① 2) ② 3) ②

4 ❶ 벼 ❷ 뉴 ❸ 야호

5 여자, 휴지, 교수, 요가, 혀, 벼, 뉴스, 호수, 우유, 야호, 이야기

DAY 05

STEP 1 **연습해 봐요**

3 1) ② 2) ① 3) ②

4 1) ② 2) ① 3) ④ 4) ③

5 1) ③ 2) ① 3) ② 4) ①

STEP 2 **연습해 봐요**

3 1) ② 2) ① 3) ②

4 1) ③ 2) ④ 3) ① 4) ②

5 1) ② 2) ③ 3) ① 4) ③

STEP 3 **확인해 봐요**

3 1) ② 2) ① 3) ②

4 ❶ 파티 ❷ 치타 ❸ 스카프

5 <보기> 피아노, 쳐요 **❶** 기타, 쳐요 **❷** 기차, 타요
❸ 오토바이, 타요

5 1) ② 2) ③ 3) ① 4) ②

6 ❶ 얘 ❷ 래 ❸ 메

DAY 06

STEP 1 연습해 봐요

3 1) ② 2) ① 3) ①

4 1) ④ 2) ③ 3) ① 4) ②

5 1) ② 2) ③ 3) ② 4) ①

STEP 2 연습해 봐요

3 1) ② 2) ① 3) ②

4 1) ① 2) ③ 3) ② 4) ④

5 1) ① 2) ③ 3) ② 4) ②

STEP 3 확인해 봐요

1 ㅃ: 아빠, 뼈, 뽀뽀, 뿌리, 오빠

ㅆ: 써요, 비싸요, 싸요, 아저씨, 씨

ㅉ: 쪄요, 짜요, 가짜

2 ❶ 요 ❷ 짜 ❸ 아 ❹ 빠

DAY 07

STEP 1 연습해 봐요

3 1) ① 2) ② 3) ②

4 1) ③ 2) ④ 3) ① 4) ②

STEP 2 연습해 봐요

3 1) ① 2) ② 3) ② 4) ①

4 1) ② 2) ① 3) ④ 4) ③

5 1) ③ 2) ③ 3) ①

6 ❶ 사과 ❷ 돼지 ❸ 더워요

STEP 3 연습해 봐요

3 1) ① 2) ② 3) ① 4) ①

4 1) ③ 2) ② 3) ① 4) ④

5 1) ② 2) ① 3) ③

6 ❶ 위 ❷ 최고 ❸ 의자

DAY 08

STEP 1 연습해 봐요

3 1) ② 2) ②

4 1) ② 2) ③ 3) ④ 4) ①

5 1) ① 2) ③ 3) ① 4) ②

6 ❶ 부엌 ❷ 밖 ❸ 한국

STEP 2 연습해 봐요

3 1) ③ 2) ③

4 1) ③ 2) ⑤ 3) ④ 4) ① 5) ②

5 ❶ 꽃 ❷ 옷 ❸ 낮 ❹ 밑 ❺ 있다 ❻ 듣다

확인해 봐요

3 1) ① 2) ② 3) ①

4 ❶ 국 ❷ 휴대폰 ❸ 젓가락

5 ❶ 숟가락 ❷ 젓가락 ❸ 꽃 ❹ 포크 ❺ 휴대폰

DAY 09

STEP 1 **연습해 봐요**

3 1) ② 2) ①

4 1) ② 2) ① 3) ④ 4) ③

5 1) ② 2) ② 3) ② 4) ②

6 ❶ 연필 ❷ 별 ❸ 사람

STEP 2 **연습해 봐요**

3 1) ① 2) ①

4 1) ② 2) ③ 3) ① 4) ④

5 ❶ 숲 ❷ 밥 ❸ 강 ❹ 컵 ❺ 무릎 ❻ 수영

STEP 3 **확인해 봐요**

3 1) ① 2) ② 3) ②

4 ❶ 콜라 ❷ 영화 ❸ 불고기

5 ❶ 서울 ❷ 뉴욕 ❸ 도쿄 ❹ 베이징 ❺ 런던
　　 ❻ 호치민

어휘 색인
LEXICAL INDEX

키 key

커요 big

기타 guitar

타요 take / ride

키보드 keyboard

오토바이 motorcycle

포도 grape

아파요 sick

피아노 piano

기차 train

쳐요 play (instrument)

치즈 cheese

커피 coffee

파티 party

포크 fork

치타 cheetah

스카프 scarf

아파트 apartment

DAY 06

꺼요 turn off

까요 peel

따라요 pour

아빠 dad

오빠 older brother

뽀뽀 peck

뿌리 root

뼈 bone

싸요 cheap

써요 write

비싸요 expensive

씨 seed

아저씨 middle-aged man

짜요 salty

쪄요 steam

가짜 fake

DAY 07

개 dog

노래 song

카메라 camera

카페 café

얘기 talk

예뻐요 pretty

시계 clock

사과 apple

와이파이 Wi-Fi

더워요 hot

무서워요 scary

왜 why

돼지 pig

궤도 orbit

교회 church

최고 (the) best

위 above

귀 ear

의사 doctor

의자 chair

DAY 08

약 medicine

부엌 kitchen

밖 outside

산 mountain

라면 ramen

한국 Korea

듣다 listen

밑 bottom

옷 clothes

있다 be / exist

낮 daytime

꽃 flower

히읗 The name of the consonant 'ㅎ' in the Korean alphabet

미국 United States

키읔 The name of the consonant 'ㅋ' in the Korean alphabet

낚시 fishing

휴대폰 cellphone

숟가락 spoon

햇볕 sunshine

젓가락 chopsticks

젖다 wet

재미있다 fun / interesting

DAY 09

물 water

별 star

연필 pencil

김 gim(dried laver seaweed)

사람 human

엄마 mom

밥 rice

컵 cup

숲 forest

무릎 knees

강 river

수영 swim

불고기 bulgogi

할머니 grandmother

콜라 coke

남자 man

김밥 gimbap

집 house

시장 market

영화 movie

공항 airport

DAY10 문장 번역
DAY10 SENTENCES TRANSLATION

STEP 1 읽어 봐요

2. 문장을 읽은 후 들어보세요.

After reading the sentences, and then listen.

1) 오이가 커요.

The cucumber is big.

2) 소리가 아주 커요.

The sound is very loud.

3) 우유가 싸요.

The milk is cheap.

4) 주스가 아주 싸요.

The juice is very cheap.

5) 카메라가 비싸요.

The camera is expensive.

6) 돼지고기가 아주 비싸요.

The pork is very expensive.

7) 피자가 짜요.

The pizza is salty.

8) 치즈가 아주 짜요.

The cheese is very salty.

9) 머리가 아파요.

My head hurts.

10) 사과 두 개 주세요.

Please give me two apples.

11) 바지가 예뻐요.

The pants are pretty.

12) 스카프가 아주 예뻐요.

The scarf is very pretty.

13) 개가 무서워요.

The dog is scary.

14) 오토바이가 무서워요.

The motorcycle is scary.

15) 아빠가 카페에 가요.

Dad goes to the cafe.

16) 오빠가 파티에 가요.

The older brother goes to the party.

17) 제가 요리해요.

I cook.

18) 요리사가 요리해요.

The chef cooks.

19) 가수가 노래해요.

The singer sings.

20) 아저씨가 카페에서 얘기해요.

The man talks in the cafe.

3. 이야기를 읽은 후 들어 보세요.

After reading the story, and then listen.

유리가 가게에 가요.

Yuri goes to the store.

바나나 우유 사러 가요

She is going to buy banana milk.

어! 비가 와요.

Oh! It's raining.

유리가 뛰어 가요.

Yuri is running.

171

4. 이야기를 읽은 후 들어 보세요.

After reading the story, and then listen.

점원: 어서 오세요.

Clerk: Welcome.

유리: 바나나 우유 하나 주세요. 그리고 키위
주스도 주세요. 사과도 두 개 주세요.

Yuri: Please give me a banana milk. And
also a kiwi juice. Please give me two
apples as well.

점원: 네, 여기요.

Clerk: Here you are.

유리: 고마워요.

Yuri: Thank you.

점원: 또 오세요.

Clerk: Please come again.

(STEP 3) **문장을 연습해 봐요**

1. 이야기를 읽은 후 들어 보세요.

After reading the story, and then listen.

1) 머리가 아파서 약을 먹어요.
I take medicine because I have a
headache.

2) 아이가 밖에 나가요.
The child goes outside.

3) 엄마는 부엌에서 피자를 만드세요.
Mom is making pizza in the kitchen.

4) 라면이 너무 매워요.
The ramen is too spicy.

5) 추우니까 문을 닫아 주세요.
Please close the door because it's cold.

6) 핸드폰이 가방 밑에 있어요.
The cell phone is under the bag.

7) 이 옷은 조금 비싸요.
This outfit is a bit expensive.

8) 영화가 정말 재미있어요.
The movie is really interesting.

9) 비가 와서 옷이 젖었어요.
My clothes got wet because it rained.

10) 예쁜 꽃이 피었어요.
Beautiful flowers have bloomed.

11) 드라마를 좋아해서 자주 봐요.
I like dramas, so I watch them often.

12) 목이 말라서 물을 마셔요.
I'm thirsty, so I drink water.

13) 제 이름은 이사벨입니다.
My name is Isabel.

14) 비빔밥을 먹으러 갑시다.
Let's go eat bibimbap.

15) 무릎이 아파서 병원에 갔어요.
I went to the hospital because my knee
hurt.

16) 강에서 수영을 하고 싶어요.
I want to swim in the river.

듣기 대본
LISTENING SCRIPT

모음 1
Vowel 1

STEP 1 **배워 봐요**

1. 입 모양을 보면서 듣고 따라 하세요.
Observe the shape of the mouth, listen, and repeat.

이
아
어

3. 읽어 보세요.
Read aloud.

① 이
② 아
③ 어
④ 아
⑤ 어
⑥ 이

STEP 1 **연습해 봐요**

1. 읽어 보세요.
Read aloud.

이
아이

3. 듣고 소리가 같으면 O, 다르면 X 하세요.
Listen and mark O if the sounds are the same or mark X if they are different.

① 이
② 아
③ 어

④ 아이

4. 듣고 맞는 것을 고르세요.
Listen and choose the correct one.

① 이
② 어
③ 아
④ 아이

5. 듣고 써 보세요.
Listen and write it down.

① 아
② 어
③ 아이
④ 어이

STEP 2 **배워 봐요**

1. 입 모양을 보면서 듣고 따라 하세요.
Observe the shape of the mouth, listen, and repeat.

으
오
우

3. 읽어 보세요.
Read aloud.

① 으
② 오
③ 우
④ 오
⑤ 우
⑥ 으

연습해 봐요

1. 읽어 보세요.

Read aloud.

오

우

3. 듣고 소리가 같으면 O, 다르면 X 하세요.

Listen and mark O if the sounds are the same or mark X if they are different.

① 으

② 오

③ 우

④ 오우

4. 듣고 맞는 것을 고르세요.

Listen and choose the correct one.

① 으

② 우

③ 으

④ 오우

5. 듣고 써 보세요.

Listen and write it down.

① 오

② 으

③ 우

④ 오우

STEP 3 확인해 봐요

1. 듣고 따라 하세요.

Listen and repeat.

이

오

우

아이

아우

오이

3. 듣고 맞는 것을 고르세요.

Listen and choose the correct one.

1) ① 오이 ② 우이

2) ① 어우 ② 아우

3) ① 으이 ② 아이

5. 듣고 써 보세요.

Listen and write it down.

1) 이

2) 아우

3) 아이

6. 다음 문장을 들어 보세요. 무슨 뜻일까요?

Listen to the following sentence. What does it mean?

아이가 오이를 먹어요.

Expression 한국어로 말해 봐요

1. 듣고 따라 하세요.

Listen and repeat.

① 안녕하세요?

② 감사합니다.

③ 죄송합니다.

④ 괜찮아요.

DAY 2

자음 1

Consonant 1

STEP 1 배워 봐요

1. 듣고 따라 하세요.

Listen and repeat.

가

다

라

2. 읽어 보세요.

Read aloud.

① 가구

② 고기

③ 구두

④ 거리

⑤ 다리

⑥ 라디오

STEP 1 연습해 봐요

1. 읽어 보세요.

Read aloud.

가구

고기

구두

거리

다리

라디오

3. 듣고 맞는 그림을 고르세요.

Listen and choose the correct picture.

① 고기

② 다리

③ 구두

5. 듣고 맞는 것을 고르세요.

Listen and choose the correct one.

1) 고기

2) 다리

3) 가구

STEP 2 배워 봐요

1. 듣고 따라 하세요.

Listen and repeat.

나

마

2. 읽어 보세요.

Read aloud.

① 나

② 너

③ 무

④ 나무

STEP 2 연습해 봐요

1. 읽어 보세요.

Read aloud.

나

너

무

나무

3. 듣고 맞는 그림을 고르세요.

Listen and choose the correct picture.

1) 너

2) 무

3) 나무

5. 듣고 맞는 것을 고르세요.

Listen and choose the correct one.

1) 나무

2) 너

3) 무

STEP 3 확인해 봐요

1. 듣고 따라 하세요.

Listen and repeat.

누구

나라

도로

머리

고구마

다리미

175

2. 듣고 맞는 것을 고르세요.

Listen and choose the correct one.

1) ① 다리 ② 머리

2) ① 도로 ② 나라

3) ① 다리미 ② 라디오

(Expression) **한국어로 말해 봐요**

1. 듣고 따라 하세요.

Listen and repeat.

① 네

② 아니요

③ 안녕히 가세요.

④ 안녕히 계세요.

 자음 2
Consonant 2

(STEP 1) **배워 봐요**

1. 듣고 따라 하세요.

Listen and repeat.

사

자

아

2. 읽어 보세요.

Read aloud.

① 소리

② 시소

③ 사자

④ 주사

⑤ 주스

⑥ 우주

(STEP 1) **연습해 봐요**

1. 읽어 보세요.

Read aloud.

소리

시소

사자

주사

주스

우주

3. 듣고 맞는 그림을 고르세요.

Listen and choose the correct picture.

① 사자

② 주스

③ 소리

5. 듣고 맞는 것을 고르세요.

Listen and choose the correct one.

1) 소리

2) 주사

3) 우주

(STEP 2) **배워 봐요**

1. 듣고 따라 하세요.

Listen and repeat.

바

하

2. 읽어 보세요.

Read aloud.

① 비

② 비누

③ 바다

④ 하나

⑤ 하마

⑥ 허리

연습해 봐요

1. 읽어 보세요.

   Read aloud.

   비

   비누

   바다

   하나

   하마

   허리

3. 듣고 맞는 그림을 고르세요.

   Listen and choose the correct picture.

   1) 바다

   2) 비

   3) 허리

5. 듣고 맞는 것을 고르세요.

   Listen and choose the correct one.

   1) 비누

   2) 하나

   3) 바다

STEP 3 확인해 봐요

1. 듣고 따라 하세요.

   Listen and repeat.

   바지

   버스

   비자

   지하

   호수

   호주

3. 듣고 맞는 것을 고르세요.

   Listen and choose the correct one.

   1) ① 바지 ② 버스

   2) ① 비자 ② 지하

3) ① 호주 ② 호수

Expression 한국어로 말해 봐요

1. 듣고 따라 하세요.

   Listen and repeat.

   ① 이름이 뭐예요?

   ② 유미입니다.

   ③ 반갑습니다.

DAY 4 모음 2
Vowel 2

STEP 1 배워 봐요

1. 듣고 따라 하세요.

   Listen and repeat.

   야

   여

2. 읽어 보세요.

   Read aloud.

   ① 야구

   ② 이야기

   ③ 야자수

   ④ 여우

   ⑤ 여자

   ⑥ 여기

STEP 1 연습해 봐요

1. 읽어 보세요.

   Read aloud.

   야구

   이야기

   야자수

   여우

   여자

   여기

177

3. 듣고 맞는 그림을 고르세요.

Listen and choose the correct picture.

① 야구

② 여우

③ 여자

5. 듣고 맞는 것을 고르세요.

Listen and choose the correct one.

1) 여기

2) 여우

3) 여자

4) 이야기

STEP 2 **배워 봐요**

1. 듣고 따라 하세요.

Listen and repeat.

요

유

2. 읽어 보세요.

Read aloud.

① 요가

② 요리

③ 교수

④ 유리

⑤ 우유

⑥ 휴지

STEP 2 **연습해 봐요**

1. 읽어 보세요.

Read aloud.

요가

요리

교수

유리

우유

휴지

3. 듣고 맞는 그림을 고르세요.

Listen and choose the correct picture.

1) 요가

2) 우유

3) 유리

5. 듣고 맞는 것을 고르세요.

Listen and choose the correct one.

1) 휴지

2) 유리

3) 우유

4) 교수

STEP 3 **확인해 봐요**

1. 듣고 따라 하세요.

Listen and repeat.

야호

혀

벼

가요

요리사

뉴스

3. 듣고 맞는 것을 고르세요.

Listen and choose the correct one.

1) ① 혀 ② 벼

2) ① 야호 ② 가요

3) ① 요리 ② 요리사

Expression **한국어로 말해 봐요**

1. 듣고 따라 하세요.

Listen and repeat.

① 이게 뭐예요?

② 맞아요.

③ 알아요.

④ 몰라요.

자음 3
Consonant 3

STEP 1 **배워 봐요**

1. **듣고 따라 하세요.**

   Listen and repeat.

   카

   타

2. **읽어 보세요.**

   Read aloud.

   ① 카드   ② 코트

   ③ 키   ④ 커요

   ⑤ 기타   ⑥ 타요

   ⑦ 키보드   ⑧ 오토바이

STEP 1 **연습해 봐요**

1. **읽어 보세요.**

   Read aloud.

   카드

   코트

   키

   커요

   기타

   타요

   키보드

   오토바이

3. **듣고 맞는 것을 고르세요.**

   Listen and choose the correct one.

   1) 코트

   2) 타요

3) 키보드

5. **듣고 맞는 그림을 고르세요.**

   Listen and choose the correct picture.

   1) 오토바이

   2) 타요

   3) 키

   4) 카드

STEP 2 **배워 봐요**

1. **듣고 따라 하세요.**

   Listen and repeat.

   파

   차

2. **읽어 보세요.**

   Read aloud.

   ① 포도   ② 아파요

   ③ 피아노   ④ 기차

   ⑤ 쳐요   ⑥ 치즈

STEP 2 **연습해 봐요**

1. **읽어 보세요.**

   Read aloud.

   포도

   아파요

   피아노

   기차

   쳐요

   치즈

3. **듣고 맞는 것을 고르세요.**

   Listen and choose the correct one.

   1) 쳐요

   2) 피아노

   3) 치즈

5. 듣고 맞는 그림을 고르세요.

Listen and choose the correct picture.

1) 포도

2) 아파요

3) 치즈

4) 쳐요

STEP 3 **확인해 봐요**

1. 듣고 따라 하세요.

Listen and repeat.

커피

파티

포크

치타

스카프

아파트

3. 듣고 맞는 것을 고르세요.

Listen and choose the correct one.

1) ① 파티 ② 커피

2) ① 아파트 ② 스카프

3) ① 커피 ② 치타

Expression **한국어로 말해 봐요**

1. 듣고 따라 하세요.

Listen and repeat.

① 얼마예요?

② 천 원, 오천 원, 만 원, 오만 원

③ 일, 이, 삼, 사, 오, 육, 칠, 팔, 구, 십

DAY 6 자음 4
Consonant 4

STEP 1 **배워 봐요**

1. 듣고 따라 하세요.

Listen and repeat.

까

따

빠

2. 읽어 보세요.

Read aloud.

① 꺼요 ② 까요 ③ 따라요

④ 아빠 ⑤ 오빠 ⑥ 뽀뽀

⑦ 뿌리 ⑧ 뼈

STEP 1 **연습해 봐요**

1. 읽어 보세요.

Read aloud.

꺼요

까요

따라요

아빠

오빠

뽀뽀

뿌리

뼈

3. 듣고 맞는 것을 고르세요.

Listen and choose the correct one.

1) 오빠

2) 꺼요

3) 뼈

5. 듣고 맞는 그림을 고르세요.

Listen and choose the correct picture.

1) 뿌리

2) 아빠

3) 뼈

4) 꺼요

배워 봐요

1. 듣고 따라 하세요.

Listen and repeat.

싸

짜

2. 읽어 보세요.

Read aloud.

① 싸요   ② 써요

③ 비싸요   ④ 씨

⑤ 아저씨   ⑥ 짜요

⑦ 쪄요   ⑧ 가짜

STEP 2 **연습해 봐요**

1. 읽어 보세요.

Read aloud.

싸요

써요

비싸요

씨

아저씨

짜요

쪄요

가짜

3. 듣고 맞는 것을 고르세요.

Listen and choose the correct one.

1) 짜요

2) 아저씨

3) 써요

5. 듣고 맞는 그림을 고르세요.

Listen and choose the correct picture.

1) 비싸요

2) 짜요

3) 씨

4) 가짜

Expression **한국어로 말해 봐요**

1. 듣고 따라 하세요.

Listen and repeat.

① 어디예요?

② 어떻게 가요?

DAY 7

모음 3
Vowel 3

STEP 1 **배워 봐요**

1. 듣고 따라 하세요.

Listen and repeat.

애

에

얘

예

2. 읽어 보세요.

Read aloud.

① 개   ② 노래   ③ 카메라

④ 카페   ⑤ 얘기   ⑥ 예뻐요

⑦ 시계

STEP 1 **연습해 봐요**

1. 읽어 보세요.

Read aloud.

개

노래

카메라

카페

얘기

예뻐요

시계

3. 듣고 맞는 것을 고르세요.

Listen and choose the correct one.

1) 개

2) 얘기

3) 카페

5. 듣고 맞는 그림을 고르세요.

Listen and choose the correct picture.

1) 개

2) 시계

3) 에뻐요

4) 카페

배워 봐요

1. 듣고 따라 하세요.

Listen and repeat.

와

워

왜

웨

2. 읽어 보세요.

Read aloud.

① 사과   ② 와이파이   ③ 더워요

④ 무서워요   ⑤ 왜   ⑥ 돼지

⑦ 궤도

연습해 봐요

1. 읽어 보세요.

Read aloud.

사과

와이파이

더워요

무서워요

왜

돼지

궤도

3. 듣고 맞는 것을 고르세요.

Listen and choose the correct one.

1) 더워요

2) 사과

3) 돼지

4) 궤도

5. 듣고 맞는 그림을 고르세요.

Listen and choose the correct picture.

1) 돼지

2) 사과

3) 더워요

배워 봐요

1. 듣고 따라 하세요.

Listen and repeat.

외

위

의

2. 읽어 보세요.

Read aloud.

① 교회   ② 최고

③ 위   ④ 귀

⑤ 의사   ⑥ 의자

연습해 봐요

1. 읽어 보세요.

Read aloud.

교회

최고

위

귀

의사

의자

3. 듣고 맞는 것을 고르세요.

Listen and choose the correct one.

1) 최고

2) 위

3) 의사

4) 교회

5. 듣고 맞는 그림을 고르세요.

Listen and choose the correct picture.

1) 의자

2) 귀

3) 최고

(Expression) **한국어로 말해 봐요**

1. 듣고 따라 하세요.

Listen and repeat.

① 주세요.

② 하나, 둘, 셋, 넷

 받침 1
Final consonant 1

DAY 8

(STEP 1) **배워 봐요**

1. 듣고 따라 하세요.

Listen and repeat.

악

앜

앆

안

2. 읽어 보세요.

Read aloud.

① 약

② 부엌

③ 밖

④ 산

⑤ 라면

⑥ 한국

(STEP 1) **연습해 봐요**

1. 읽어 보세요.

Read aloud.

약

부엌

밖

산

라면

한국

3. 듣고 맞는 그림을 고르세요.

Listen and choose the correct picture.

1) 밖

2) 라면

5. 듣고 맞는 것을 고르세요.

Listen and choose the correct one.

1) 산

2) 한국

3) 약

4) 라면

(STEP 2) **배워 봐요**

1. 듣고 따라 하세요.

Listen and repeat.

앝

앝

앗

았

앚

앛

앟

2. 읽어 보세요.

Read aloud.

① 듣다

② 밑

③ 옷

④ 있다

⑤ 낫

⑥ 꽃

⑦ 히읗

STEP 2 연습해 봐요

1. 읽어 보세요.

Read aloud.

듣다

밑

옷

있다

낫

꽃

히읗

3. 듣고 맞는 그림을 고르세요.

Listen and choose the correct picture.

1) 꽃

2) 히읗

STEP 3 확인해 봐요

1. 듣고 따라 하세요.

Listen and repeat.

미국

키읔

낚시

휴대폰

숟가락

햇볕

젓가락

젖다

재미있다

3. 듣고 맞는 것을 고르세요.

Listen and choose the correct one.

1) ① 숟가락 ② 젓가락

2) ① 젖다 ② 낚시

3) ① 햇볕 ② 키읔

Expression 한국어로 말해 봐요

1. 듣고 따라 하세요.

Listen and repeat.

① 어서 오세요.

② 여기요.

③ 있어요.

④ 없어요.

DAY 9 받침 2
Final consonant 2

STEP 1 배워 봐요

1. 듣고 따라 하세요.

Listen and repeat.

알

암

2. 읽어 보세요.

Read aloud

① 물

② 별

③ 연필

④ 김

⑤ 사람

⑥ 엄마

STEP 1 **연습해 봐요**

1. **읽어 보세요.**

   Read aloud.

   물

   별

   연필

   김

   사람

   엄마

3. **듣고 맞는 그림을 고르세요.**

   Listen and choose the correct picture.

   1) 별

   2) 사람

5. **듣고 맞는 것을 고르세요.**

   Listen and choose the correct one.

   1) 문

   2) 사람

   3) 얼마

   4) 연필

STEP 2 **배워 봐요**

1. **듣고 따라 하세요.**

   Listen and repeat.

   압

   앞

   앙

2. **읽어 보세요.**

   Read aloud.

   ① 밥

   ② 컵

   ③ 숲

   ④ 무릎

   ⑤ 강

   ⑥ 수영

STEP 2 **연습해 봐요**

1. **읽어 보세요.**

   Read aloud.

   밥

   컵

   숲

   무릎

   강

   수영

3. **듣고 맞는 그림을 고르세요.**

   Listen and choose the correct picture.

   1) 컵

   2) 수영

STEP 3 **확인해 봐요**

1. **듣고 따라 하세요.**

   Listen and repeat.

   불고기

   할머니

   콜라

   남자

   김밥

   집

   시장

   영화

   공항

3. 듣고 맞는 것을 고르세요.

Listen and choose the correct one.

1) ① 남자 ② 여자

2) ① 콜라 ② 김밥

3) ① 시장 ② 공항

(Expression) **한국어로 말해 봐요**

1. 듣고 따라 하세요.

Listen and repeat.

① 어떻게 해요?

② 도와주세요.

③ 조심하세요.

④ 이퍼요.

DAY 10

문장 읽기
Reading sentences

(STEP 1) **읽어 봐요**

1. 단어를 읽어 보세요.

Read the words.

아이

오이

라디오

머리

고구마

주스

비누

지하

야구

여자

요리사

휴지

코트

오토바이

아파요

치즈

꺼요

따라요

아빠

싸요

짜요

개

네

얘기

예뻐요

사과

무서워요

돼지

궤도

최고

귀

의사

책

부엌

밖

한국

숟가락

밑

옷

있다

낮

꽃

히읗

물

김밥

무릎

영어

공항

2. 문장을 읽은 후 들어 보세요. (5회)

After reading the sentences, and then listen. (5 times)

1) 오이가 커요.

2) 소리가 아주 커요.

3) 우유가 싸요.

4) 주스가 아주 싸요.

5) 카메라가 비싸요.

6) 돼지고기가 아주 비싸요.

7) 피자가 짜요.

8) 치즈가 아주 짜요.

9) 머리가 아파요.

10) 사과 두 개 주세요.

11) 바지가 예뻐요.

12) 스카프가 아주 예뻐요.

13) 개가 무서워요.

14) 오토바이가 무서워요.

15) 아빠가 카페에 가요.

16) 오빠가 파티에 가요.

17) 제가 요리해요.

18) 요리사가 요리해요.

19) 가수가 노래해요.

20) 아저씨가 카페에서 얘기해요.

3. 이야기를 읽은 후 들어 보세요.

After reading the story, and then listen.

유리가 가게에 가요.

바나나 우유를 사러 가요

어! 비가 와요.

유리가 뛰어 가요.

4. 대화를 읽은 후 들어 보세요.

After reading the conversation, and then listen.

점원: 어서 오세요.

유리: 바나나 우유 하나 주세요.

그리고 키위 주스도 주세요.

사과도 두 개 주세요.

점원: 네, 여기요.

유리: 고마워요.

점원: 또 오세요.

STEP 2 배워 봐요

1. 듣고 따라 하세요.

Listen and repeat.

한국

한국은

돈

돈이

닫

닫아

밑

밑을

웃

웃어요

있

있어서

낮

낮에

숯

숯이

놓

놓아요

물

물을

마음

마음이

집

집에

빵

빵을

문장을 연습해 봐요

1. 이야기를 읽은 후 들어 보세요. (5회)

After reading the sentences, and then listen. (5 times)

1) 머리가 아파서 약을 먹어요.

2) 아이가 밖에 나가요.

3) 엄마는 부엌에서 피자를 만드세요.

4) 라면이 너무 매워요.

5) 추우니까 문을 닫아 주세요.

6) 핸드폰이 가방 밑에 있어요.

7) 이 옷은 조금 비싸요.

8) 영화가 정말 재미있어요.

9) 비기 와서 옷이 젖었어요.

10) 예쁜 꽃이 피었어요.

11) 드라마를 좋아해서 자주 봐요.

12) 목이 말라서 물을 마셔요.

13) 제 이름은 이사벨입니다.

14) 비빔밥을 먹으러 갑시다.

15) 무릎이 아파서 병원에 갔어요.

16) 강에서 수영을 하고 싶어요.

2. 이야기를 읽은 후, 들어 보세요.

After reading the story, and then listen.

안녕하세요.

제 이름은 에린이에요.

미국 뉴욕에서 왔어요.

저는 한국 드라마를 좋아해서 자주 봐요.

서울에는 카페가 정말 많아요.

가끔 카페에 앉아서 책을 읽어요.

그리고 친구와 닭갈비를 먹으러 가요.

한국 친구는 아직 없어요.

한국 친구가 생겼으면 좋겠어요.

한국어로 말해 봐요

1. 듣고 따라 하세요.

Listen and repeat.

① 사랑해요.

② 생일 축하해요.

③ 새해 복 많이 받으세요.

한글에 대해 알아봐요

LET'S LEARN ABOUT HANGEUL

한글은 누가 만들었을까요?

Who made Hangeul?

옛날 한국 사람들은 한자와 한문을 사용해서 글을 쓰고 책을 읽었어요. 한국말을 표기할 수 있는 문자가 없었기 때문이지요.

In the old days, Koreans used Chinese characters and Chinese characters to write and read books. It's because there were no letters that could be written in Korean.

한자와 한문은 한국말과 다르고 배우기가 어려워서 양반이 아닌 보통 사람들은 글을 읽거나 쓸 수 없었어요. 필요한 정보를 알 수 없으니 생활이 아주 힘들었어요.

Chinese characters and Chinese characters are different from Korean and difficult to learn, so ordinary people who are not aristocrats could not read or write. Life was very difficult because I couldn't get the information I needed.

190

조선의 임금 세종대왕은 모든 사람들이 쉽게 사용할 수 있는 문자를 만들어야겠다고 생각했어요.

King Sejong the Great of Joseon thought he should create the native character of Korea that everyone could use easily.

그리고 오랫동안 연구했어요.

And he studied for a long time.

마침내 1443년 한국말을 잘 표기할 수 있는 문자인 '한글'을 만들었어요.

Finally, in 1443, he created Hangeul, a character that can express Korean well.

배우기 쉬운 한글 덕분에 보통 사람들도 책을 읽고 편지를 쓸 수 있게 되었어요.

Thanks to the easy-to-learn Hangeul, ordinary people can read books and write letters.

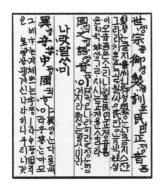

한글은 어떤 글자일까요?

What kind of letter is Hangul?

한글은 자음을 나타내는 글자와 모음을 나타내는 글자가 따로 있어요.

Hangeul has separate letters for consonants and vowels.

자음 글자는 발음 기관의 모양을 본따서 만들었어요. 'ㄱ'의 경우 혓등이 여린입천장에 닿는 모양을 나타내고 있어요.

The consonant letters are modeled after the shape of the pronunciation organs. In the case of 'ㄱ', the back of the tongue touches the soft roof of the mouth.

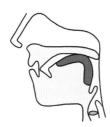

그리고 기본 자음에 획을 더해 강한 소리를 내는 자음을 만들었어요.

And it added strokes to the basic consonants to make strong sounds.

ㄱ ➡ ㅋ

ㄴ ➡ ㄷ ➡ ㅌ

ㅁ ➡ ㅂ ➡ ㅍ

ㅅ ➡ ㅈ ➡ ㅊ

ㅇ ➡ ㅎ

한글의 자음에는 평음, 격음, 경음의 구별이 있는 것들이 있는데, 평음을 나타내는 글자에 획을 하나 더하면 격음을 나타내는 글자가 되고, 평음을 나타내는 글자를 옆으로 나란히 2개 쓰면 경음을 나타내는 글자가 돼요.

There are some Korean consonants that have a distinction between plain, aspirated, and hard sounds, and if you add a stroke to the letter that represents plain, it becomes a letter that represents aspirated sound, and if you write two letters side by side, it becomes a letter that represents hard sound.

평음	격음	경음
ㄱ	ㅋ	ㄲ
ㄴ	ㄷ	ㄸ
ㅂ	ㅍ	ㅃ
ㅅ		ㅆ
ㅈ	ㅊ	ㅉ

모음 글자는 하늘을 나타내는 ' · ', 땅을 나타내는 'ㅡ', 사람을 나타내는 ' ㅣ '를 기초로 만들었어요. 옛날 사람들은 이 세 가지를 만물의 근본 요소라고 생각했어요.

The vowel letters are based on the word " · " for the sky, "ㅡ" for the ground, and " ㅣ " for people. People used to think of these three things as fundamental elements of everything.

하늘　　　땅　　　사람

나머지 모음 글자들은 이 세 글자를 조합하여 만들었어요.

The rest of the vowel letters are made by combining these three letters.

이렇게 만들어진 한글의 자음 글자는 모두 19개예요.

There are a total of 19 consonant letters in Hangeul made like this.

<기본 자음> basic consonant

ㄱ ㄴ ㄷ ㄹ ㅁ ㅂ ㅅ ㅇ ㅈ ㅊ ㅋ ㅌ ㅍ ㅎ

<복합 자음> compound consonant

ㄲ ㄸ ㅃ ㅆ ㅉ

모음 글자는 모두 21개예요.

There are 21 vowels in total.

<기본 모음> Basic vowels

ㅏ ㅑ ㅓ ㅕ ㅗ ㅛ ㅜ ㅠ ㅡ ㅣ

<복합 모음> compound vowel

ㅐ ㅒ ㅔ ㅖ ㅘ ㅙ ㅚ ㅝ ㅞ ㅟ ㅢ

한글은 자음 글자와 모음 글자로 되어 있는 음소 문자이지만 음절 단위로 모아쓰는 특징이 있어요.
예를 들면, '물'이라는 단어는 'ㅁㅜㄹ'이라고 쓰지 않고 '물'이라고 써요.

Hangeul is a phonetic alphabet made up of consonant and vowel letters, but it is characterized by syllable units.
For example, the word 'water' is not written as 'ㅁㅜㄹ', but '물'.

이렇게 한글은 자음 글자와 모음 글자가 매우 체계적으로 만들어져서 쉽게 배울 수 있어요.
그래서 그런지 한국의 문맹률이 전 세계적으로도 매우 낮은 편이에요.

In this way, consonant and vowel letters are made very systematically in Hangeul, so you can learn easily. Perhaps that's why the illiteracy rate in Korea is very low all over the world.

그리고 한글은 비슷한 소리를 나타내는 글자들의 모양이 비슷하기 때문에 디지털 기기의 입력 시스템에 적용하기가 매우 편리해요.
이것은 다 한글의 과학적인 특징 때문이에요.

And Hangeul is very convenient to apply to the input system of digital devices because the shapes of letters that represent similar sounds are similar.
This is all because of the scientific characteristics of Hangeul.

한글 자판을 연습해 봐요

LET'S PRACTICE KOREAN KEYBOARD

한글 자판
Korean keyboard

한글 자판 연습 1
Korean keyboard practice 1

✓ **자판에서 ㅁ, ㄴ, ㅇ, ㄹ, ㅎ, ㅗ, ㅓ, ㅏ, ㅣ를 연습해 보세요.**
Practice ㅁ, ㄴ, ㅇ, ㅗ, ㅓ, ㅣ, ㅏ on the keyboard.

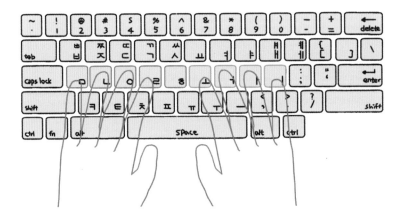

① 오 ⌗ㅇ⌗ㅗ⌗ ② 머리 ⌗ㅁ⌗ㅓ⌗ㄹ⌗ㅣ⌗

③ 민 ⌗ㅁ⌗ㅣ⌗ㄴ⌗ ④ 할머니 ⌗ㅎ⌗ㅏ⌗ㄹ⌗ㅁ⌗ㅓ⌗ㄴ⌗ㅣ⌗

한글 자판 연습 2
Korean keyboard practice 2

✓ **자판에서 ㅂ, ㅈ, ㄷ, ㄱ, ㅅ, ㅛ, ㅕ, ㅑ, ㅐ, ㅔ를 연습해 보세요.**
Practice ㅂ, ㅈ, ㄷ, ㄱ, ㅅ, ㅛ, ㅕ, ㅑ, ㅐ, ㅔ on the keyboard.

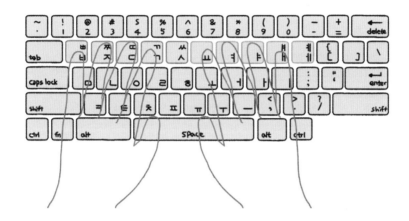

① 쇼 [ㅅ/ㅆ] [ㅛ]   ② 학교 [ㅎ] [ㅏ] [ㄱ/ㄲ] [ㄱ/ㄲ] [ㅛ]

③ 어렵다 [ㅇ] [ㅓ] [ㄹ] [ㅕ] [ㅂ/ㅃ] [ㄷ/ㄸ] [ㅏ]

한글 자판 연습 3
Korean keyboard practice 3

✓ **자판에서 ㅃ, ㅉ, ㄸ, ㄲ, ㅆ, ㅒ, ㅖ를 연습해 보세요.**
Practice ㅃ, ㅉ, ㄸ, ㄲ, ㅆ, ㅒ, ㅖ on the keyboard.

> ㅃ, ㅉ, ㄸ, ㄲ, ㅆ를 치려면 [shift]를 누른 상태에서 ㅂ, ㅈ, ㄷ, ㄱ, ㅅ를 치거나 ㅂ, ㅈ, ㄷ, ㄱ, ㅅ를 연속으로 두 번 쳐요.
> To type ㅃ, ㅉ, ㄸ, ㄲ, and ㅆ, press shift key while typing ㅂ, ㅈ, ㄷ, ㄱ, or ㅅ, or type ㅂ, ㅈ, ㄷ, ㄱ, ㅅ twice in a row.

① 가짜 [ㄲ] [ㅏ] [shift] [ㅉ] [ㅏ]　② 얘기 [ㅇ] [shift] [ㅒ] [ㄱ] [ㅣ]

③ 예뻐요 [ㅇ] [shift] [ㅖ] [shift] [ㅃ] [ㅓ] [ㅇ] [ㅛ]

ㅒ, ㅖ를 치려면 [shift]를 누른 상태에서 ㅒ, ㅖ를 쳐요.
ㅒ and ㅖ can be typed by pressing shift key and then typing ㅒ and ㅖ, respectively.

한글 자판 연습 4
Korean keyboard practice 4

✓ **자판에서 ㅋ, ㅌ, ㅊ, ㅍ, ㅠ, ㅜ, ㅡ를 연습해 보세요.**
Practice ㅋ, ㅌ, ㅊ, ㅍ, ㅠ, ㅜ, ㅡ on the keyboard.

① 카드 [ㅋ] [ㅏ] [ㄷ] [ㅡ]　② 토스트 [ㅌ] [ㅗ] [ㅆ] [ㅡ] [ㅌ] [ㅡ]

③ 프랑스 [ㅍ] [ㅡ] [ㄹ] [ㅏ] [ㅇ] [ㅆ] [ㅡ]

한글 자판 연습 5
Korean keyboard practice 5

✓ **자판에서 ᅪ, ᅯ, ᅢ, ᅰ, ᅬ, ᅱ, ᅴ를 연습해 보세요.**
Practice ᅪ, ᅯ, ᅢ, ᅰ, ᅬ, ᅱ, ᅴ on the keyboard.

ᅪ, ᅯ, ᅢ, ᅰ, ᅬ, ᅱ, ᅴ는 모음 두 개를 차례대로 쳐서 글자를 만들 수 있어요. ᅪ는 ㅗ를 먼저 친 후 ㅏ를 치면 돼요.
You can create characters by typing two vowels in sequence. For example, to create ᅪ, you first type ㅗ and then ㅏ. Similarly, you can follow this rule to create other characters as well.

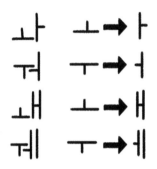

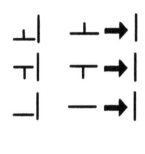

① 회사 [ㅎ][ㅗ][ㅣ][ㅆ][ㅏ]
② 괜찮아 [ㄲ][ㅗ][ㅐ][ㄴ][ㅊ][ㅏ][ㄴ][ㅎ][ㅇ][ㅏ]
③ 귀여워 [ㄲ][ㅜ][ㅣ][ㅇ][ㅕ][ㅇ][ㅜ][ㅓ]

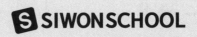